ACTUS

NOVEMBRE-DÉCEMBRE 2023

Photo : Scouts et Guides de France

Lumière de la paix de Bethléem

Pendant l'Avent, si tu es louveteau, louvette ou jeannette, tu vas être invité à accueillir dans ton église une petite lumière. Cette lumière vient de Bethléem, là où Jésus est né. Des jeunes Autrichiens la rapportent à Vienne, puis la partagent avec des scouts de l'Europe entière. À leur tour, ces jeunes l'emportent dans leurs paroisses. Tu pourras la porter, seul ou avec ton équipe, à l'hôpital, à la prison, à la maison de retraite de ta ville… Elle sera le signe que tu veux transmettre la paix qui nous vient de Jésus.

16 heures

La nuit du 21 au 22 décembre est la nuit la plus longue de l'année. Elle dure près de 16 heures ! C'est le solstice d'hiver. À partir du 22 décembre, les jours rallongent.

Prier pour les défunts

Le 2 novembre, nous nous souvenons des personnes que nous aimons et qui sont mortes. C'est comme faire un pont entre le ciel et la terre. Sur la terre, nous prions le Seigneur pour ceux qui sont morts et eux, là-haut, prient le Seigneur pour nous. Cette prière permet d'être en lien : c'est ce qu'on appelle la communion des saints.

Photo : AdobeStock

À LIRE

Le lutin du tilleul

Avec *Le lutin du tilleul*, tu vas plonger avec bonheur dans la grande tradition des contes de Noël. Tu vas découvrir dans cette histoire la joie que procurent l'accueil de l'autre et la fraternité, deux valeurs inséparables du temps de Noël.

Le lutin du tilleul
texte : Xavier Accart, illustrations : Raphaël Gauthey, CRER Bayard, 40 pages, 14,50 €.

À LIRE ET ÉCOUTER

Le Noël de Barnabé

Lis et écoute l'histoire de Barnabé, un petit berger de Bethléem. Dans la nuit, à l'invitation des anges, il marche avec sa famille et ses amis jusqu'à la crèche. Arrivé devant l'enfant Jésus, il s'aperçoit qu'il n'a rien à lui offrir…
Et toi, comment prépares-tu la fête de Noël ?

Le Noël de Barnabé, texte : Christylle et Alain Faivre, illustrations : Catherine Silve, CRER Bayard, collection Les petits témoins de la foi, 32 pages, 12,50 €.

LE SAVAIS-TU ? On raconte que, en 1223, François d'Assise a rassemblé les habitants de son village pour la messe de Noël. Dans une grotte, il avait installé du foin, un bœuf et un âne. Des villageois jouaient le rôle de Marie, de Joseph, des bergers… et il y avait un bébé pour faire Jésus. François voulait rendre vivant le récit de la naissance de Jésus : la crèche était née !

Photo : AdobeStock

À VOUS LA PAROLE !

« Mon grand-père m'a abonnée à *Prions en Église Junior* pour Noël. Merci d'exister ! »

Jacinthe, 10 ans

Chère Jacinthe

Quelle belle énergie dans ton dessin : c'est comme si tu nous offrais à ton tour un cadeau ! Nous te souhaitons de belles fêtes de fin d'année avec ceux que tu aimes.

« Comment Marie a accouché sans l'aide d'un infirmier ? »

Élia, 9 ans

Chère Élia

Ta question est touchante ! Si, aujourd'hui, les femmes accouchent le plus souvent à la maternité, à l'époque de Marie, elles accouchaient seules ou avec une amie. Pour accoucher, il semble qu'elle était aussi avec Joseph. Va lire son histoire sur le poster !

UN MESSAGE, UNE PRIÈRE, UN DESSIN, UNE PHOTO, C'EST PAR ICI !

Chère rédaction, ...

....

....

....

Remplis ce coupon recto verso, mets-le dans une enveloppe timbrée et envoie-le à :
Prions en Église Junior,
18, rue Barbès,
92 128 Montrouge Cedex.
Ou à : prionseneglisejunior@groupebayard.com

Pour les photos, n'oublie pas de joindre une autorisation signée de tes parents !

COURRIER

Vous nous avez envoyé de très beaux dessins de crèches ! En voici quelques-uns.

Léa

Claire

Léonie

Éléonore

Audrey

MON NOM : ....

MON PRÉNOM : ....

MA DATE DE NAISSANCE : ....

MON ADRESSE : ....

....

N'oublie pas d'indiquer ton adresse complète si tu veux recevoir une réponse.

« J'attends Noël avec impatience ! Comment faites-vous pour vous préparer à Noël ? »

Éloïse,
11 ans

Zélie,
11 ans

Petite, j'attendais les cadeaux. Mais, maintenant, je me pose des questions parce que j'ai grandi. Et puis, la naissance de Jésus me rend très heureuse. Il est très présent dans ma vie. Je ne sais pas ce que je serais sans lui.

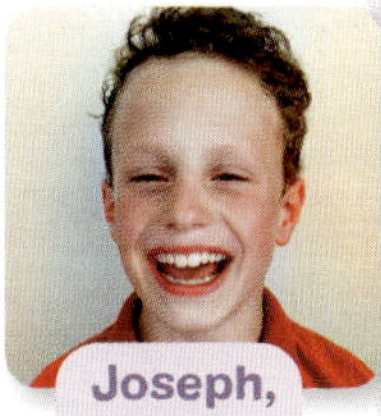

Joseph,
9 ans

Moi, je suis chrétien et j'aime bien Jésus. J'attends son anniversaire plus que les cadeaux. Je n'ai pas forcément de patience, hélas. Mais pour que ça passe vite, je prépare la crèche, les bougies, la couronne, les calendriers avec du chocolat dans chaque case...

Hugues,
8 ans

J'attends Noël en continuant ma vie normale : je joue, je prie, je mange... Quand on s'approche de Noël, j'attends Jésus, ça veut dire la joie. C'est Jésus qui descend sur terre.

Annaëlle,
11 ans

J'attends impatiemment les bons moments avec toute ma famille ! En attendant, j'écris des lettres aux personnes importantes pour moi : mes parents, mes frères, mes grands-parents...

Propos recueillis par Anne-Quitterie Jozeau et Frédéric Pascal. Photos : D. R.

TU AS DES QUESTIONS, SUR LA PRIÈRE, SUR LA FOI, SUR JÉSUS ? ÉCRIS-NOUS !

Paul,
11 ans

Pour attendre Noël, avec mes parents et mes frères et sœurs, on prépare des feuilles pliées en quatre. Sur chaque feuille, on écrit une chose à faire chaque jour : parler à quelqu'un à l'école, rendre un service, réciter le Notre Père...

Le marché de Noël de Strasbourg

Du 24 novembre au 24 décembre, le marché de Noël se tient au pied de la cathédrale Notre-Dame, à Strasbourg. Deux millions de visiteurs sont attendus pour le *Christkindelsmärik*, ce qui veut dire le « marché de l'enfant Jésus » en alsacien.

Sauras-tu retrouver ces 10 personnages ?

Illustrations : Claire Le Meil

MA SEMAINE

Lundi 30 octobre

Sainte Maéva

Comment s'est passé mon week-end ?

Mardi 31 octobre

Saint Quentin

Aujourd'hui, j'ai appris : ....

....

....

Mercredi 1er novembre

Fête de tous les saints

Je lis la prière page 20.

Jeudi 2 novembre

Commémoration des défunts

Je prie pour les personnes décédées de ma famille, j'écris leurs prénoms : ....

....

Vendredi 3 novembre

Saint Hubert

Ma journée était :

- ☐ Trop sympa
- ☐ Trop dure
- ☐ Pas mal du tout

Samedi 4 novembre

Sainte Jessica

J'écris ce que j'ai réussi aujourd'hui :

....

....

Dimanche 5 novembre

Sainte Élise

Je lis l'évangile de ce dimanche et je fais l'atelier (pages 24-27).
Qu'est-ce qui m'aide à aimer comme Jésus ?..

....

TOUS LES SAINTS

Première lecture

Saint Jean raconte dans une vision ce qui se passera le jour où Dieu réunira tous les hommes autour de lui pour toujours.

Lecture de l'Apocalypse de saint Jean

Chapitre 7, versets 2 à 4 et 9 à 14

Moi, Jean, j'ai vu un ange qui montait du côté où le soleil se lève, avec le sceau qui imprime la marque du Dieu vivant; d'une voix forte, il cria aux quatre anges qui avaient reçu le pouvoir de faire du mal à la terre et à la mer : « Ne faites pas de mal à la terre, ni à la mer, ni aux arbres, avant que nous ayons marqué du sceau le front des serviteurs de notre Dieu. »
Et j'entendis le nombre de ceux qui étaient marqués du sceau : ils étaient cent quarante-quatre mille, de toutes les tribus des fils d'Israël. Après cela, j'ai vu; et voici une foule immense, que nul ne pouvait dénombrer, une foule de toutes nations, tribus, peuples et langues. Ils se tenaient debout devant le Trône et devant l'Agneau, vêtus de robes blanches, avec des palmes à la main. Et ils s'écriaient d'une voix forte : « Le salut appartient à notre Dieu qui siège sur le Trône et à l'Agneau ! »
Tous les anges se tenaient debout autour du Trône, autour des Anciens et des quatre Vivants; se jetant devant le Trône, face contre terre, ils se prosternèrent devant Dieu. Et ils disaient : « Amen ! Louange, gloire, sagesse et action de grâce, honneur, puissance et force à notre Dieu, pour les siècles des siècles ! Amen ! »
L'un des Anciens prit alors la parole et me dit : « Ces gens vêtus de robes blanches, qui sont-ils, et d'où viennent-ils ? »
Je lui répondis : « Mon seigneur, toi, tu le sais. » Il me dit : « Ceux-là viennent de la grande épreuve; ils ont lavé leurs robes, ils les ont blanchies par le sang de l'Agneau. »

Psaume 23

Voici le peuple de ceux qui cherchent ta face, Seigneur.

Au Seigneur, le monde et sa richesse,
la terre et tous ses habitants !
C'est lui qui l'a fondée sur les mers
et la garde inébranlable sur les flots.

Qui peut gravir la montagne du Seigneur
et se tenir dans le lieu saint ?
L'homme au cœur pur, aux mains innocentes,
qui ne livre pas son âme aux idoles.

Il obtient, du Seigneur, la bénédiction,
et de Dieu son Sauveur, la justice.
Voici le peuple de ceux qui le cherchent,
Voici Jacob qui recherche ta face !

Illustration : Julia Chausson

Deuxième lecture

**Dieu a pour nous la tendresse d'un père.
Jésus nous l'a dit et nous l'a montré :
nous sommes tous des fils et des filles de Dieu.**

Lecture de la première lettre de saint Jean

Chapitre 3, versets 1 à 3

Bien-aimés,
voyez quel grand amour nous a donné le Père
pour que nous soyons appelés **enfants de Dieu**
– et nous le sommes.
Voici pourquoi le monde ne nous connaît pas :
c'est qu'il n'a pas connu Dieu.
Bien-aimés,
dès maintenant, nous sommes enfants de Dieu,
mais ce que nous serons
n'a pas encore été manifesté.
Nous le savons : quand cela sera manifesté,
nous lui serons semblables
car nous le verrons tel qu'il est.
Et quiconque met en lui une telle espérance
se rend pur comme lui-même est pur.

• **enfants de Dieu :** être enfant de Dieu, c'est être aimé de Dieu et le reconnaître comme notre Père.

Évangile

On appelle cet Évangile les « Béatitudes », ce qui veut dire « bonheur parfait ». Jésus nous promet le bonheur, et cette promesse nous donne des ailes !

Évangile de Jésus Christ selon saint Matthieu

Chapitre 5, versets 1 à 12a

En ce temps-là, voyant les foules,
Jésus gravit la montagne.
Il s'assit, et ses disciples s'approchèrent de lui.
Alors, ouvrant la bouche, il les enseignait.
Il disait : « Heureux **les pauvres de cœur,**
car le royaume des Cieux est à eux.
Heureux ceux qui pleurent, car ils seront consolés.
Heureux les doux, car ils recevront la terre en héritage.
Heureux ceux qui ont faim et soif de la justice,
car ils seront rassasiés.
Heureux **les miséricordieux,** car ils obtiendront miséricorde.
Heureux les cœurs purs, car ils verront Dieu.
Heureux les artisans de paix,
car ils seront appelés fils de Dieu.
Heureux ceux qui sont persécutés pour la justice,
car le royaume des Cieux est à eux.

- **les pauvres de cœur :** les pauvres de cœur, ce sont tous ceux qui comprennent qu'ils ont besoin des autres et sont prêts à accueillir Dieu.
- **les miséricordieux :** les personnes miséricordieuses sont sensibles à la souffrance des autres et savent pardonner à ceux qui leur ont fait du mal.

Heureux êtes-vous si l'on vous insulte,
si l'on vous persécute et si l'on dit faussement
toute sorte de mal contre vous, à cause de moi.
Réjouissez-vous, soyez dans l'allégresse,
car votre récompense est grande dans les cieux ! »

Illustration : Marcelino Truong

Ton atelier de l'Évangile

1 Dans l'évangile du jour, un mot est répété 9 fois.

Pour le retrouver, barre les mots dans la grille. Avec les lettres restantes, reconstitue le mot répété.

A	R	E	C	O	M	P	E	N	S	E
L	A	H	M	O	N	T	A	G	N	E
L	R	J	U	S	T	I	C	E	E	R
E	T	E	U	C	I	E	U	X	P	O
G	I	S	C	O	E	U	R	S	A	Y
R	S	U	P	A	I	X	R	E	U	A
E	A	S	B	O	U	C	H	E	V	U
S	N	I	N	S	U	L	T	E	R	M
S	H	E	R	I	T	A	G	E	E	E
E	C	O	N	S	O	L	E	S	U	X
M	I	S	E	R	I	C	O	R	D	E

ALLÉGRESSE
ARTISAN
BOUCHE
CIEUX
CŒURS
CONSOLÉS
HÉRITAGE
INSULTE
JÉSUS
JUSTICE
MISÉRICORDE
MONTAGNE
PAIX
PAUVRE
RÉCOMPENSE
ROYAUME

Le mot à trouver est : _ _ _ _ _ _ _

Réponse : il s'agit du mot « heureux ».

2 À qui Jésus annonce-t-il le bonheur ?

Trois intrus se sont glissés dans la liste. Retrouve-les et raye-les.

- Les artisans de paix.
- Ceux qui pleurent.
- Ceux qui prennent leur temps.
- Les doux.
- Les grincheux.
- Ceux qui ont faim et soif de justice.
- Ceux qui aiment les céréales.

Réponse : ceux qui prennent leur temps ; les grincheux ; ceux qui aiment les céréales.

3 Et toi, de quoi as-tu besoin pour être heureux ?

Coche la ou les réponses que tu préfères.

J'ai besoin...

- ☐ de douceur.
- ☐ de justice.
- ☐ de jeux.
- ☐ de paix.
- ☐ de pardon.
- ☐ de joie.
- ☐ d'amitié.

4 Il y a sûrement plein de personnes autour de toi qui te rendent heureux.

Écris leur nom ici et confie-les à Jésus.

Jésus, je te confie :

....

....

....

....

Autrement dit

Comment Jésus ose-t-il annoncer le bonheur à ceux qui souffrent, à ceux qui pleurent ou à ceux qui sont faibles ? Parce que, dans son Royaume, ces gens-là seront consolés. Les saints vivent déjà ce bonheur. Et nous sommes invités à en faire de même, ici et maintenant.
Être saint, c'est tenir son cœur ouvert à Dieu.

Textes : Karem Bustica et Sophie Pelloux-Prayer Illustration : Marcelino Truong, Photo : AdobeStock

C'est quoi, un saint ?

- Aujourd'hui, c'est la fête de la Toussaint.
C'est la fête de tous les saints, ceux qui sont connus
et ceux que l'on connaît moins.

- Ce matin, je suis allée
à la messe avec mes cousins.

- Après la messe, on a discuté de la sainteté.
Même entre cousins, on avait des avis différents !

- Le prêtre nous a entendus discuter.
Il est venu nous voir et il nous a aidés à comprendre.

- En fait, être saint, c'est vivre sa vie avec beaucoup d'amour, en utilisant ses talents.

- Finalement, c'est à la fois simple et difficile d'être saint ! Le prêtre nous a expliqué qu'on peut être saint dans la vie de tous les jours, en aimant Dieu et les autres très fort.

Mais comment faire ?

- On a eu quelques idées : d'abord prier Dieu, mais aussi...

- Pas besoin d'être chauve ou un superhéros... On peut être « tous saints »... Alors, c'est parti !

Texte : Laure de Chérisey. Illustrations : Anne Ardichvili.

Le chemin des serviteurs de Dieu

Ils sont un, dix et des milliers
à t'écouter, Seigneur.
Ils sont un, dix et des milliers
à garder ta Parole.
Ils aiment et ils pardonnent,
ils consolent les malheureux,
ils vivent dans la justice,
ils font grandir la paix.
Moi aussi, je veux marcher
dans cette foule, et grandir jusqu'à toi.
Montre-moi, Seigneur,
le chemin des serviteurs de Dieu !

Texte : Geneviève Pasquier . Illustration : Adobestock

31E DIMANCHE DU TEMPS ORDINAIRE

Première lecture

Il y a 2500 ans, Malachie disait la colère de Dieu contre les prêtres de Jérusalem : ils ne donnaient pas le bon exemple.

Lecture du livre du prophète Malachie

Du chapitre 1, verset 14b au chapitre 2, versets 2b et 8 à 10

Je suis un grand roi – dit le Seigneur de l'univers –,
et mon nom inspire la crainte parmi les nations.
Maintenant, prêtres, à vous cet avertissement :
Si vous n'écoutez pas, si vous ne prenez pas à cœur
de glorifier mon nom – dit le Seigneur de l'univers –,
j'enverrai sur vous la malédiction,
je maudirai les bénédictions que vous prononcerez.
Vous vous êtes écartés de la route, vous avez fait de **la Loi**
une occasion de chute pour la multitude,
vous avez détruit mon alliance avec mon serviteur Lévi,
– dit le Seigneur de l'univers. À mon tour
je vous ai méprisés, abaissés devant tout le peuple,
puisque vous n'avez pas gardé mes chemins,
mais agi avec partialité dans l'application de la Loi.
Et nous, n'avons-nous pas tous un seul Père ?
N'est-ce pas un seul Dieu qui nous a créés ? Pourquoi nous trahir
les uns les autres, profanant ainsi l'Alliance de nos pères ?

• **la Loi :** la loi de Dieu, c'est les commandements que Dieu a donnés à son peuple pour lui rester fidèle. On la retrouve au début de la Bible.

Psaume 130

Garde mon âme dans la paix près de toi, Seigneur.

Seigneur, je n'ai pas le cœur fier
ni le regard ambitieux;
je ne poursuis ni grands desseins,
ni merveilles qui me dépassent.

Non, mais je tiens mon âme
égale et silencieuse;
mon âme est en moi comme un enfant,
comme un petit enfant contre sa mère.

Attends le Seigneur, Israël,
maintenant et à jamais.

Deuxième lecture

À Thessalonique, une ville grecque, beaucoup de personnes ont écouté Paul et sont devenues chrétiennes. Paul est heureux.

Lecture de la première lettre de saint Paul apôtre aux Thessaloniciens

Chapitre 2, versets 7b à 9 et verset 13

Frères,
nous avons été pleins de douceur avec vous,
comme une mère qui entoure de soins ses nourrissons.
Ayant pour vous une telle affection,
nous aurions voulu vous donner
non seulement l'Évangile de Dieu,
mais jusqu'à nos propres vies,
car vous nous étiez devenus très chers.
Vous vous rappelez, frères, nos peines et nos fatigues :
c'est en travaillant nuit et jour,
pour n'être à la charge d'aucun d'entre vous,
que nous vous avons annoncé l'Évangile de Dieu.
Et voici pourquoi nous ne cessons de rendre grâce à Dieu :
quand vous avez reçu la parole de Dieu
que nous vous faisions entendre,
vous l'avez accueillie pour ce qu'elle est réellement,
non pas une parole d'hommes,
mais la parole de Dieu **qui est à l'œuvre** en vous,
les croyants.

• **qui est à l'œuvre :** qui agit.

Évangile

Jésus est en colère : des hommes très croyants se prennent pour les meilleurs et se font remarquer. Mais ce n'est pas comme cela que Jésus s'est mis au service de Dieu.

Évangile de Jésus Christ selon saint Matthieu

Chapitre 23, versets 1 à 12

En ce temps-là, Jésus s'adressa aux foules et à ses disciples, et il déclara : « Les scribes et les pharisiens enseignent **dans la chaire de Moïse.** Donc, tout ce qu'ils peuvent vous dire, faites-le et observez-le. Mais n'agissez pas d'après leurs actes, car ils disent et ne font pas.
Ils attachent de pesants fardeaux, difficiles à porter, et ils en chargent les épaules des gens; mais eux-mêmes ne veulent pas les remuer du doigt. Toutes leurs actions, ils les font pour être remarqués des gens : ils élargissent **leurs phylactères** et rallongent **leurs franges;**

- **dans la chaire de Moïse :** une chaire, c'est une tribune en hauteur depuis laquelle on enseigne quelque chose aux autres. Ici, cela veut dire que les pharisiens donnent un enseignement fidèle à ce que disait Moïse.
- **leurs phylactères :** ces petits étuis contiennent quelques lignes de la Loi. Les Juifs les attachent sur leur bras et sur leur front pendant la prière.
- **leurs franges :** ce sont des fils que certains Juifs très religieux accrochent à leur manteau. Ils leur rappellent les commandements de Dieu.
- **les synagogues :** une synagogue, c'est le bâtiment où les Juifs se rassemblent pour prier et lire la Bible.
- **Rabbi :** cela veut dire « maître » en araméen, la langue de Jésus.

ils aiment les places d'honneur dans les dîners,
les sièges d'honneur dans **les synagogues** et les salutations
sur les places publiques; ils aiment recevoir des gens
le titre de **Rabbi.** Pour vous, ne vous faites pas donner
le titre de Rabbi, car vous n'avez qu'un seul maître
pour vous enseigner, et vous êtes tous frères.
Ne donnez à personne sur terre le nom de père,
car vous n'avez qu'un seul Père, celui qui est aux cieux.
Ne vous faites pas non plus donner le titre de maîtres,
car vous n'avez qu'un seul maître, le Christ.
Le plus grand parmi vous sera votre serviteur.
Qui s'élèvera sera abaissé, qui s'abaissera sera élevé. »

Illustration : Marcelino Truong

Ton atelier de l'Évangile

1 Dans l'évangile du jour, que dit Jésus à ses amis ?

Remplis la grille. Avec les lettres colorées, retrouve le mot manquant dans la phrase.

1 : Un poids, quelque chose de lourd à porter.

2 : Jésus parle d'eux et des pharisiens.

3 : Ceux qui suivent Jésus.

4 : Nom que Jésus donne à Dieu.

5 : Lieu où les Juifs vont prier et enseigner.

6 : Prophète qui a reçu la loi de Dieu sur le mont Sinaï.

Jésus dit :
« Vous êtes tous _ _ _ _ _ _ . »

Réponses : 1. Fardeau, 2. Scribes, 3. Disciples, 4. Père, 5. Synagogue, 6. Moïse.
Jésus dit : « Vous êtes tous frères. »

2 Comment comprends-tu la phrase de Jésus ?

Coche la réponse qui te convient le mieux, ou écris ta propre réponse.

- ☐ Nous sommes tous égaux.
- ☐ Nous devons prendre soin les uns des autres.
- ☐ Les êtres humains font tous partie de la même famille.
- ☐ Nous sommes tous enfants de Dieu.
- ☐ ....

3 Et toi, as-tu des frères et sœurs ?

Écris ici leur prénom. Si tu n'en as pas, écrit le prénom d'amis que tu aimes comme des frères et sœurs.

4 En choisissant de suivre Jésus, nous acceptons d'être tous frères et sœurs !

Dessine ici la grande famille des chrétiens.

Autrement dit

Parfois, on fait des choses uniquement pour que les autres nous admirent... Dieu nous connaît ! Cela ne sert à rien de faire semblant d'être parfait. Devant Dieu, le plus important, ce n'est pas « d'avoir l'air » de le prier, par exemple, mais de le prier pour de vrai ! Aimer Dieu de tout son cœur, c'est lui faire confiance comme à un père.

Textes : Patricia Metzger et Sophie Pelloux-Prayer. Illustration : Marcelino Truong. Photo : AdobeStock

Visite une église

Les saints

De nombreux saints sont représentés dans les églises. Les saints nous aident à prier Dieu et à nous souvenir que nous sommes tous appelés à devenir des amis de Jésus, comme eux.

Quand tu entres dans une église, des personnages t'attendent. Ce sont les saints, représentés en statues, en tableaux ou sur les vitraux.

LE SAINT PATRON DE L'ÉGLISE...

De même que tu as un saint patron (le saint de ton prénom), une église porte aussi le nom d'un saint. Il y a « Notre Dame », en l'honneur de Marie, la maman de Jésus. Mais il y a aussi l'église Sainte-Thérèse, Saint-Pierre... Parfois, c'est le nom d'un saint que nous ne connaissons pas bien, comme « église Saint-Sulpice ».

Fais le tour de l'église, regarde les piliers, les chapelles latérales, le chœur : où se trouve le saint patron de cette église ?

… ET LES AUTRES !

On trouve d'autres saints dans une église : dans de petites chapelles, on peut prier un saint ou une sainte en particulier. Ainsi, on s'adresse à sainte Rita quand on vit des difficultés. On prie saint Antoine quand on veut retrouver quelque chose qu'on a perdu, etc.

Observe bien une statue, essaie de la dessiner. Écris une prière que tu veux confier à ce saint ou cette sainte.

LES ATTRIBUTS

Les saints sont représentés avec leurs « attributs », c'est-à-dire un signe de reconnaissance lié à leur vie. Ainsi, on reconnaît saint Pierre parce qu'il porte des clés (Jésus lui a confié les clés de l'Église). Sainte Catherine porte une bague, symbole du mariage. Saint Jacques est représenté en pèlerin, avec des coquilles.

Texte : Michèle Clavier. Illustrations : Artur Rainho.

MA SEMAINE

Lundi 6 novembre

Saint Léonard

C'est la fin des vacances !
Comment se sont-elles passées ?

Mardi 7 novembre

Sainte Carine

Je repense à ma journée.
Seigneur, merci pour ....

....

Mercredi 8 novembre

Saint Geoffroy

Qui ai-je fait sourire aujourd'hui ?

....

....

Jeudi 9 novembre

Saint Théodore

Je fais silence
dans mon cœur.
Je répète
le nom de Jésus.

Vendredi 10 novembre

Saint Léon

Ma journée était :

- ☐ Pas terrible
- ☐ Pas si mal
- ☐ Trop top

Samedi 11 novembre

Saint Martin de Tours

Aujourd'hui, j'ai partagé :

- ☐ Mon goûter
- ☐ Un peu de mon temps
- ☐ ....

Dimanche 12 novembre

Saint Christian

Je lis l'évangile de ce dimanche et je fais l'atelier (pages 34-37).
Quel est le moment que je réserve à Jésus ? ....

....

Texte : Geneviève Pasquier

32E DIMANCHE DU TEMPS ORDINAIRE

Première lecture

Qu'est-ce que la Sagesse ? Et si c'était Dieu qui vient par surprise à notre rencontre, et guide nos pas sur les chemins de la vie ?

Lecture du livre de la Sagesse

Chapitre 6, versets 12 à 16

La **Sagesse** est resplendissante,
elle ne **se flétrit** pas.
Elle se laisse aisément contempler par ceux qui l'aiment,
elle se laisse trouver par ceux qui la cherchent.
Elle devance leurs désirs en se faisant connaître la première.
Celui qui la cherche dès l'aurore ne se fatiguera pas :
il la trouvera assise à sa porte.
Penser à elle est la perfection du discernement,
et celui qui veille à cause d'elle
sera bientôt délivré du souci. Elle va et vient
à la recherche de ceux qui sont dignes d'elle;
au détour des sentiers,
elle leur apparaît avec un visage souriant;
dans chacune de leurs pensées,
elle vient à leur rencontre.

- **La Sagesse :** la sagesse est la qualité de quelqu'un de réfléchi, qui connaît le vrai et le bien. Dans la Bible, la Sagesse (avec une majuscule), c'est Dieu qui nous invite à agir comme lui.
- **se flétrit :** se flétrir signifie faner, perdre de son éclat, de sa fraîcheur.

Psaume 62

Mon âme a soif de toi, Seigneur, mon Dieu !

Dieu, tu es mon Dieu,
je te cherche dès l'aube :
mon âme a soif de toi;
après toi languit ma chair,
terre aride, altérée, sans eau.

Je t'ai contemplé au sanctuaire,
j'ai vu ta force et ta gloire.
Ton amour vaut mieux que la vie :
tu seras la louange de mes lèvres !

Toute ma vie je vais te bénir,
lever les mains en invoquant ton nom.
Comme par un festin je serai rassasié;
la joie sur les lèvres, je dirai ta louange.

Dans la nuit, je me souviens de toi
et je reste des heures à te parler.
Oui, tu es venu à mon secours :
je crie de joie à l'ombre de tes ailes.

Illustration : Martin Jarrie

Deuxième lecture

Paul le rappelle : nous sommes unis à Jésus ressuscité. Ne soyons pas tristes : un jour, nos amis morts ressusciteront aussi.

Lecture de la première lettre de saint Paul apôtre aux Thessaloniciens

Chapitre 4, versets 13 à 14 (lecture brève)

Frères,
nous ne voulons pas vous laisser dans l'ignorance
au sujet de ceux qui se sont endormis dans la mort;
il ne faut pas que vous soyez abattus comme les autres,
qui n'ont pas d'espérance.
Jésus, nous le croyons, est mort et ressuscité;
de même, nous le croyons aussi,
ceux qui se sont endormis,
Dieu, par Jésus, les emmènera avec lui.

Découvre aussi l'évangile de ce dimanche en BD page 38.

Évangile

Le royaume des Cieux ressemble à une grande fête. En l'attendant, préparons-nous. Car ce jour-là, nous rencontrerons Jésus. Et si la fête avait déjà commencé ?

Évangile de Jésus Christ selon saint Matthieu

Chapitre 25, versets 1 à 13

En ce temps-là, Jésus disait à ses disciples cette parabole :
« Le royaume des Cieux sera comparable
à dix jeunes filles invitées à des noces,
qui prirent leur lampe pour sortir à la rencontre de l'époux.
Cinq d'entre elles étaient **insouciantes,**
et cinq étaient prévoyantes : les insouciantes avaient pris
leur lampe sans emporter **d'huile,**
tandis que les **prévoyantes** avaient pris, avec leurs lampes,
des flacons d'huile. Comme l'époux tardait,
elles s'assoupirent toutes et s'endormirent.
Au milieu de la nuit, il y eut un cri :
"Voici l'époux ! Sortez à sa rencontre."
Alors toutes ces jeunes filles se réveillèrent
et se mirent à préparer leur lampe.

- **insouciantes :** quelqu'un qui est insouciant ne se fait de souci pour rien, il ne réfléchit pas à ce qu'il fait.
- **d'huile :** au temps de Jésus, on utilisait des lampes à huile pour s'éclairer la nuit. On allumait une petite mèche qui trempait dans de l'huile.
- **prévoyantes :** quelqu'un qui est prévoyant imagine à l'avance ce qui va arriver et sait se préparer.

Les insouciantes demandèrent aux prévoyantes :
“Donnez-nous de votre huile, car nos lampes s’éteignent.”
Les prévoyantes leur répondirent : “Jamais cela ne suffira pour nous et pour vous, allez plutôt chez les marchands vous en acheter.” Pendant qu’elles allaient en acheter, l’époux arriva. Celles qui étaient prêtes entrèrent avec lui dans la salle des noces, et la porte fut fermée.
Plus tard, les autres jeunes filles arrivèrent à leur tour et dirent : “Seigneur, Seigneur, ouvre-nous !”
Il leur répondit : “Amen, je vous le dis : je ne vous connais pas.”
Veillez donc, car vous ne savez ni le jour ni l’heure. »

Illustration : Marcelino Truong

Ton atelier de l'Évangile

1 Dans l'évangile du jour, les jeunes filles se rendent à...

Coche la bonne réponse.

- ☐ Un anniversaire.
- ☐ Une soirée pyjama.
- ☐ Un mariage.
- ☐ Un baptême.

Réponse : un mariage.

2 Que doivent-elles garder allumé pour accueillir l'époux ?

Entoure le dessin qui convient.

Un lampadaire.

Une lampe à huile.

Un feu de bois.

Réponse : une lampe à huile.

3 Comment te prépares-tu pour accueillir un invité ?

Entoure ou ajoute la réponse qui te convient.

J'enfile de beaux habits.

Je prépare la cuisine.

Je décore le salon.

Je lui fais un dessin.

Je prépare des blagues.

....
....

4 Et Jésus, comment l'accueilles-tu ?

Dessine ici ta manière d'accueillir Jésus.

Autrement dit

Lorsque tu attends un ami, tu veux que tout soit prêt. Comme les jeunes filles prévoyantes de l'évangile, qui ont préparé de l'huile pour que leurs lampes restent allumées. Toi aussi, pour apporter la lumière de l'amour de Jésus à ceux que tu aimes, tu es invité à préparer de l'huile. C'est ta prière. Grâce à elle, tu peux garder ouverte la porte de ton cœur et entendre ce que Dieu veut te dire !

Textes : Thibault Van Den Driessche et Sophie Pelloux-Prayer. Illustrations : Marcelino Truong, Estelle Chandelier ; Photo : AdobeStock

Les dix jeunes filles

Dans l'évangile de ce dimanche, Jésus fait une drôle de comparaison : le royaume des Cieux ressemblerait à dix jeunes filles invitées à un mariage…

Parmi ces jeunes filles, la moitié est prévoyante…

… et l'autre moitié est insouciante.

Texte : Sophie Pelloux-Prayer, d'après Mt 25, 1-13. Illustrations : Stéphanie Rubini

MA SEMAINE

Lundi 13 novembre

Saint Brice

Avec qui, j'ai joué aujourd'hui ?

....

....

Mardi 14 novembre

Sainte Sidonie

Je prie pour les personnes qui parlent de Jésus.

Mercredi 15 novembre

Saint Léopold

Je repense à ma journée. Seigneur, pardon pour ....

....

....

Jeudi 16 novembre

Sainte Gertrude

Aujourd'hui, je me suis amusé avec ....

....

....

Vendredi 17 novembre

Sainte Élisabeth de Hongrie

Comment je me sens aujourd'hui ? Je complète ce visage.

Samedi 18 novembre

Sainte Aude

Que vais-je faire ce week-end ? J'écris mes activités :

....

....

Dimanche 19 novembre

Saint Eudes

Je lis l'évangile de ce dimanche et je fais l'atelier (pages 44-47).
Quel talent est-ce que je peux faire fructifier ? ....

....

Texte : Geneviève Pasquier

33E DIMANCHE DU TEMPS ORDINAIRE

Première lecture

Le livre des Proverbes est un ensemble de conseils donnés pour bien mener sa vie avec les autres.

Lecture du livre des Proverbes

Chapitre 31, versets 10 à 13, 19 à 20 et 30 à 31

Une femme parfaite, qui la trouvera ? Elle est précieuse
plus que les perles ! Son mari peut lui faire confiance :
il ne manquera pas de ressources. Elle fait son bonheur,
et non pas sa ruine, tous les jours de sa vie.
Elle sait choisir la laine et le lin,
et ses mains travaillent volontiers. Elle tend la main
vers **la quenouille,** ses doigts dirigent **le fuseau.**
Ses doigts s'ouvrent en faveur du pauvre,
elle tend la main au malheureux.
Le charme est trompeur et la beauté s'évanouit;
seule, la femme qui craint le Seigneur mérite **la louange.**
Célébrez-la pour les fruits de son travail :
et qu'aux portes de la ville, ses œuvres disent sa louange !

- **la quenouille :** la quenouille est un petit bâton qui sert à transformer le lin, le coton ou la soie en fil. Avec ces fils, on fabrique des vêtements.
- **le fuseau :** le fuseau est une toupie allongée autour de laquelle on enroule le fil de coton ou de soie.
- **la louange :** c'est une parole qui célèbre la grandeur d'une personne.

Tu te nourriras du travail de tes mains :
Heureux es-tu ! À toi, le bonheur !

Ta femme sera dans ta maison
comme une vigne généreuse,
et tes fils, autour de la table,
comme des plants d'olivier.

Voilà comment sera béni
l'homme qui craint le Seigneur.
De Sion, que le Seigneur te bénisse !
Tu verras le bonheur de Jérusalem
tous les jours de ta vie.

Illustration : Julia Chausson

Deuxième lecture

**Le Seigneur est long à venir !
La date est inconnue, nous dit saint Paul.
Ne nous laissons pas surprendre !**

Lecture de la première lettre de saint Paul apôtre aux Thessaloniciens

Chapitre 5, versets 1 à 6

Pour ce qui est des temps et des moments
de la venue du Seigneur, vous n'avez pas besoin, frères,
que je vous en parle dans ma lettre.
Vous savez très bien que le jour du Seigneur vient
comme un voleur dans la nuit.
Quand les gens diront :
« Quelle paix ! quelle tranquillité ! »,
c'est alors que, tout à coup, la catastrophe s'abattra sur eux,
comme les douleurs sur la femme enceinte :
ils ne pourront pas y échapper. Mais vous, frères,
comme vous n'êtes pas dans **les ténèbres,**
ce jour ne vous surprendra pas comme un voleur.
En effet, vous êtes tous des fils de la lumière,
des fils du jour ;
nous n'appartenons pas à la nuit et aux ténèbres.
Alors, ne restons pas endormis comme les autres,
mais soyons **vigilants** et restons **sobres.**

- **les ténèbres :** les ténèbres, c'est l'absence totale de lumière.
- **vigilants :** est vigilant celui qui surveille attentivement.
- **sobres :** être sobre, c'est rester simple et discret.

Évangile

Jésus raconte une histoire pour nous faire comprendre que Dieu nous donne un trésor : c'est notre vie. Comment la rendre la plus belle possible ?

Évangile de Jésus Christ selon saint Matthieu

Chapitre 25, versets 14 à 15 et 19 à 21 (lecture brève)

En ce temps-là, Jésus disait à ses disciples cette parabole :
« C'est comme un homme qui partait en voyage :
il appela ses serviteurs et leur confia ses biens.
À l'un il remit une somme de cinq **talents,**
à un autre deux talents, au troisième un seul talent,
à chacun selon ses capacités. Puis il partit.
Longtemps après, le maître de ces serviteurs revint
et il leur demanda des comptes.
Celui qui avait reçu cinq talents s'approcha,
présenta cinq autres talents et dit : "Seigneur,
tu m'as confié cinq talents; voilà, j'en ai gagné cinq autres."
Son maître lui déclara : "Très bien,
serviteur bon et fidèle, tu as été fidèle pour peu de choses,
je t'en confierai beaucoup;
entre dans la joie de ton seigneur." »

• **talents :** à l'époque de Jésus, un talent, c'était un lingot d'or ou d'argent qui pesait 26 kg.

Dimanche 19 novembre 2023

Illustration : Marcelino Truong

Ton atelier de l'Évangile

1 Dans l'évangile du jour, un maître confie cinq talents à un serviteur. Combien ce dernier en rend-il au retour du maître ?

Entoure la bonne réponse.

5 10 50 100

Réponse : 10.

2 Comment le maître qualifie-t-il son serviteur, en retrouvant ses talents ?

Retrouve les mots dans la grille et, avec les lettres restantes, découvre le mot mystère.

P	D	I	S	C	I	P	L	E	E
A	T	J	C	H	O	S	E	F	N
R	A	O	I	D	B	O	N	J	T
A	L	I	C	I	N	Q	E	E	R
B	E	E	A	U	T	R	E	S	E
O	N	C	O	N	F	I	E	U	L
L	T	M	A	I	T	R	E	S	E
E	S	E	R	V	I	T	E	U	R

AUTRE
BON
CHOSE
CINQ
CONFIE
DISCIPLE
ENTRE
JÉSUS
JOIE
MAÎTRE
PARABOLE
SERVITEUR
TALENT

Le serviteur est : _ _ _ _ _ _.

Réponse : fidèle.

3 Et toi, quels sont tes talents ? Faire la cuisine ? dessiner ? courir ?

Écris-les ici.

....

....

....

....

4 Demande à Jésus de t'aider à faire grandir tes talents.

À partir de cette graine, tu peux dessiner un grand arbre. Quand tu auras fini ton dessin, tu pourras le contempler et réciter cette prière.

Mon Dieu, merci de m'avoir
donné des talents.
Ils sont encore à l'état
de graine. Aide-moi
à les faire grandir,
pour qu'ils poussent
toujours plus vers toi !

Autrement dit

Jésus parle en paraboles pour annoncer le royaume de Dieu. Dans ce royaume, chacun reçoit un don à faire fructifier selon ses propres talents. Ce don, c'est la Bonne Nouvelle. Dieu attend qu'elle soit répandue et que tout le monde l'entende.

Textes : Karem Bustica et Sophie Pelloux-Prayer Illustrations : Marcelino Truong, Estelle Chandelier; Photo : AdobeStock

Le grand-père d'Augustin est au ciel

« Je m'appelle Augustin, j'ai 8 ans, je vis à Beaucouzé, à côté d'Angers. L'an dernier, j'ai perdu mon papy, le papa de mon papa. Il est mort d'un cancer. »

MES SOUVENIRS AVEC MON GRAND-PÈRE

PAPY AIMAIT BEAUCOUP FAIRE DES PUZZLES. La dernière fois qu'on a fêté Noël avec toute la famille, on en a fait un de 1000 pièces rien que tous les deux ! Quand Papy et Manou venaient chez nous, Papy jouait avec moi au garage à vélos. Je me rappelle aussi que son dessert préféré était le flan. Aujourd'hui, avec Manou, on regarde des photos et on parle de Papy.

PAPY EST MORT LE JOUR DES RAMEAUX

DEPUIS PLUSIEURS MOIS, PAPA NOUS DISAIT QUE PAPY ALLAIT DE MOINS EN MOINS BIEN. Il avait un cancer. J'avais compris qu'il ne pourrait pas guérir de sa maladie. Il a fêté son anniversaire de 85 ans. Quatre jours après, alors qu'on se réveillait pour aller à l'école, Papa nous a dit que Papy venait de mourir. Je me suis senti triste et fatigué. Mais je n'étais pas en colère.

UN ENTERREMENT PLEIN DE FLEURS

C'ÉTAIT AU PRINTEMPS, IL FAISAIT TRÈS CHAUD. C'était une messe pleine de joie et de tristesse. Au cimetière, avec mes cousins et mes sœurs, on a fait des dessins avec des croix dessus. On les a glissés avec le cercueil puis on a jeté des pâquerettes sur la tombe : c'était joyeux et rigolo. Aujourd'hui, je pense que Papy est assis en face de Jésus. Il continue de vivre, mais c'est une vie différente.

Propos recueillis par Anne-Quitterie Jozeau – Photos : DR

MA SEMAINE

Lundi 20 novembre

Saint Octave

J'écris le prénom d'un ami
que je confie à Jésus :

....

....

Mardi 21 novembre

Fête de la Présentation
de la Vierge Marie

Je lis l'histoire de Marie
dans le poster.

Mercredi 22 novembre

Sainte Cécile

Qui ai-je fait rire aujourd'hui ?

....

....

Jeudi 23 novembre

Saint Clément

Je repense à ma journée.
Seigneur, aide-moi à ....

....

....

Vendredi 24 novembre

Sainte Flora

Seigneur, je te dis merci pour

....

....

Samedi 25 novembre

Sainte Catherine d'Alexandrie

Aujourd'hui, je me sens :

- ☐ Joyeux.
- ☐ Paisible.
- ☐ Triste.

Dimanche 26 novembre

Le Christ, Roi de l'Univers

Je lis l'évangile de ce dimanche et je fais l'atelier (pages 54-57).
Je réfléchis : Jésus est-il le roi de mon cœur ? ....

....

Texte : Geneviève Pasquier

34E DIMANCHE DU TEMPS ORDINAIRE
LE CHRIST ROI DE L'UNIVERS

Première lecture

Quand le peuple des juifs était prisonnier à Babylone, Ézékiel leur a annoncé qu'un nouveau roi allait arriver : Dieu lui-même !

Lecture du livre du prophète Ézékiel

Chapitre 34, versets 11 à 12 et 15 à 17

Ainsi parle le Seigneur Dieu :
Voici que moi-même, je m'occuperai de mes brebis,
et je veillerai sur elles. Comme un berger veille
sur les brebis de son troupeau quand elles sont dispersées,
ainsi je veillerai sur mes brebis, et j'irai les délivrer
dans tous les endroits où elles ont été dispersées
un jour de nuages et de sombres nuées.
C'est moi qui **ferai paître** mon troupeau,
et c'est moi qui le ferai reposer, – oracle du Seigneur Dieu.
La brebis perdue, je la chercherai ; l'égarée, je la ramènerai.
Celle qui est blessée, je la panserai. Celle qui est malade,
je lui rendrai des forces. Celle qui est grasse et vigoureuse,
je la garderai, je la ferai paître selon le droit.
Et toi, mon troupeau – ainsi parle le Seigneur Dieu –,
voici que je vais juger entre brebis et brebis,
entre les béliers et les boucs.

• **ferai paître :** faire paître un animal signifie le faire brouter, lui faire manger de l'herbe, des végétaux...

Psaume 22

Le Seigneur est mon berger : rien ne saurait me manquer.

Le Seigneur est mon berger :
je ne manque de rien.
Sur des prés d'herbe fraîche,
il me fait reposer.

Il me mène vers les eaux tranquilles
et me fait revivre;
il me conduit par le juste chemin
pour l'honneur de son nom.

Si je traverse les ravins de la mort,
je ne crains aucun mal,
car tu es avec moi,
ton bâton me guide et me rassure.

Tu prépares la table pour moi
devant mes ennemis;
tu répands le parfum sur ma tête,
ma coupe est débordante.

Grâce et bonheur m'accompagnent
tous les jours de ma vie;
j'habiterai la maison du Seigneur
pour la durée de mes jours.

Illustration : Claire Perret

Deuxième lecture

Jésus Christ est ressuscité. Paul nous rassure : nous aussi, nous ressusciterons. Victoire !

Lecture de la première lettre de saint Paul apôtre aux Corinthiens

Chapitre 15, versets 20 à 26 et verset 28

Frères, **le Christ** est **ressuscité** d'entre les morts,
lui, premier ressuscité parmi ceux qui se sont endormis.
Car, la mort étant venue par un homme,
c'est par un homme aussi que vient la résurrection des morts.
En effet, de même que tous les hommes meurent en Adam,
de même c'est dans le Christ que tous recevront la vie,
mais chacun à son rang : en premier, le Christ, et ensuite,
lors du retour du Christ, ceux qui lui appartiennent.
Alors, tout sera achevé, quand le Christ remettra
le pouvoir royal à Dieu son Père, après avoir anéanti,
parmi les êtres célestes, toute Principauté,
toute Souveraineté et Puissance.
Car c'est lui qui doit régner jusqu'au jour où Dieu aura mis
sous ses pieds tous ses ennemis.
Et le dernier ennemi qui sera anéanti, c'est la mort.
Et, quand tout sera mis sous le pouvoir du Fils,
lui-même se mettra alors sous le pouvoir du Père
qui lui aura tout soumis, et ainsi, Dieu sera tout en tous.

- **le Christ :** Christ est la traduction grecque du mot hébreu « Messie », qui signifie « frotté avec de l'huile ». Dans la Bible, il est l'élu de Dieu qui doit guider le peuple.
- **Ressuscité :** être ressuscité, c'est être réveillé et relevé de la mort.

Évangile

Jésus l'a promis : tout le monde est invité à la fête du royaume de Dieu. Une bonne façon de s'y préparer, c'est de faire comme Jésus : il s'est tourné vers ceux qui ont besoin d'aide.

Évangile de Jésus Christ selon saint Matthieu

Chapitre 25, versets 31 à 46

En ce temps-là, Jésus disait à ses disciples :
« Quand le Fils de l'homme viendra dans sa gloire,
et tous les anges avec lui, alors il siégera sur son trône
de gloire. Toutes les nations seront rassemblées devant lui;
il séparera les hommes les uns des autres,
comme le berger sépare les brebis des boucs :
il placera les brebis à sa droite, et les boucs à gauche.
Alors le Roi dira à ceux qui seront à sa droite : "Venez,
les bénis de mon Père, recevez en héritage le Royaume
préparé pour vous depuis la fondation du monde.
Car j'avais faim, et vous m'avez donné à manger;
j'avais soif, et vous m'avez donné à boire;
j'étais un étranger, et vous m'avez accueilli;
j'étais nu, et vous m'avez habillé;
j'étais malade, et vous m'avez visité;
j'étais en prison, et vous êtes venus jusqu'à moi !"
Alors les justes lui répondront :
"Seigneur, quand est-ce que nous t'avons vu… ?
tu avais donc faim, et nous t'avons nourri ?
tu avais soif, et nous t'avons donné à boire ?
tu étais un étranger, et nous t'avons accueilli ?
tu étais nu, et nous t'avons habillé ?
tu étais malade ou en prison…
Quand sommes-nous venus jusqu'à toi ?"

Et le Roi leur répondra : "Amen, je vous le dis : chaque fois
que vous l'avez fait à l'un de ces plus petits de mes frères,
c'est à moi que vous l'avez fait."
Alors il dira à ceux qui seront à sa gauche :
"Allez-vous-en loin de moi, vous les maudits,
dans le feu éternel préparé pour le diable et ses anges.
Car j'avais faim, et vous ne m'avez pas donné à manger ;
j'avais soif, et vous ne m'avez pas donné à boire ;
j'étais un étranger, et vous ne m'avez pas accueilli ;
j'étais nu, et vous ne m'avez pas habillé ;
j'étais malade et en prison, et vous ne m'avez pas visité."
Alors ils répondront, eux aussi :
"Seigneur, quand t'avons-nous vu avoir faim,
avoir soif, être nu, étranger, malade ou en prison,
sans nous mettre à ton service ?"
Il leur répondra : "Amen, je vous le dis :
chaque fois que vous ne l'avez pas fait à l'un de ces plus petits,
c'est à moi que vous ne l'avez pas fait."
Et ils s'en iront, ceux-ci au châtiment éternel,
et les justes, à la vie éternelle. »

Illustration : Marcelino Truong

Ton atelier de l'Évangile

1 Dans l'évangile du jour, Jésus nous indique comment le suivre au royaume de Dieu.

Relie les actions qui vont ensemble.

J'avais faim.	1	a	Vous m'avez habillé.
J'avais soif.	2	b	Vous êtes venu jusqu'à moi.
J'étais un étranger.	3	c	Vous m'avez donné à boire.
J'étais nu.	4	d	Vous m'avez visité.
J'étais malade.	5	e	Vous m'avez accueilli.
J'étais en prison.	6	f	Vous m'avez donné à manger.

Réponse : 1-f ; 2-c ; 3-e ; 4-a ; 5-b ; 6-d.

2 À quoi Jésus nous appelle-t-il ?

Déchiffre la charade pour le savoir.

- Mon premier est un animal qui porte des bois sur la tête.
- On tourne mon second pour l'enfoncer dans un mur ou une planche.
- Jésus nous invite à se mettre à mon tout.

Mon tout est le ....

Réponse : cerf-vis. Jésus nous invite à nous mettre au service.

3 Connais-tu des personnes qui sont en difficulté ? Que peux-tu faire pour les aider ?

Écris le prénom de personnes que tu connais et qui auraient besoin d'aide. À côté, écris ce que tu peux faire pour les aider : un petit mot, un sourire, un gâteau...

Prénom		Comment je peux l'aider
•	→	• ....
•	→	• ....
•	→	• ....
•	→	• ....

4 Le premier geste que tu peux faire pour aider quelqu'un, c'est de prier pour lui.

Fais une belle étiquette avec le prénom des personnes pour qui tu veux prier. Décore-la joliment et dépose-la dans ton coin prière en les confiant à Jésus. Tu peux t'inspirer de ces formes :

....
....
....

....
....
....

Autrement dit

Jésus se met à la place de ceux qui manquent d'eau, de nourriture, de vêtements... Jésus est le pauvre par excellence. Mais il est roi et son royaume est pour ceux qui donnent à boire, à manger, à s'habiller, ceux qui visitent les malades et les prisonniers. Bref, ceux qui se mettent au service. Jésus est aussi le serviteur par excellence.

Textes : Karem Bustica et Sophie Pelloux-Prayer Illustration : Marcelino Truong, Photo : AdobeStock

Les moments de la messe : la Parole

Une histoire de famille

Chaque dimanche, nous écoutons l'histoire de l'amour de Dieu pour les hommes et les femmes.

UN ALBUM DE FAMILLE

Peut-être aimes-tu regarder des photos de ta famille : ta maman quand elle était enfant, le mariage de tes parents, la naissance de ton grand frère... Tu n'étais pas encore là, mais ces moments font partie de ton histoire.

À la messe, c'est un peu pareil : nous écoutons l'histoire du peuple de Dieu. En écoutant la parole de Dieu, tu découvres l'histoire de sa rencontre avec les hommes : Adam et Ève, Noé, Moïse, Abraham, Marie... et Jésus !

POUR OUVRIR TON CŒUR À LA PAROLE

En silence, tu t'installes tranquillement sur ta chaise : nous allons écouter le lecteur. Les Écritures nous racontent cette longue histoire de famille. Après une première lecture, nous chantons le psaume, une prière très ancienne que Jésus lui-même a chantée.

LA JOIE D'ENTENDRE L'ÉVANGILE

L'assemblée se met debout et chante « Alléluia », car c'est une joie d'entendre la vie et les paroles de Jésus !

Avant de lire, le diacre (ou le prêtre) t'invite à faire un signe de croix sur le front, la bouche et le cœur.

Quand tu fais les trois signes de croix, demande à Jésus :

« Jésus, que ta parole vive dans mon intelligence, dans mes paroles et dans mon cœur. »

Texte : Patricia Metzger. Illustrations : Marie Toury.

MA SEMAINE

Lundi 27 novembre

Sainte Astrid

Le meilleur moment
de ma journée, c'était ....

....

Mardi 28 novembre

Saint Jacques de la Marche

Mon meilleur moment du week-end :

....

....

Mercredi 29 novembre

Saint Sernin

Aujourd'hui, j'ai rigolé avec

....

....

Jeudi 30 novembre

Saint André

Je repense à ma journée.
Seigneur, pardon pour

....

....

Vendredi 1er décembre

Saint Éloi

Je note la dernière chose
qui m'a rendu fier(e) :

....

....

Samedi 2 décembre

Sainte Viviane

Demain, je vais :

- ☐ Faire de la musique.
- ☐ Jouer avec un ami.
- ☐ ....

Dimanche 3 décembre

Saint François Xavier

Je lis l'évangile de ce dimanche et je fais l'atelier (pages 64-67).
Aujourd'hui, c'est le début de l'Avent !
Quatre dimanches pour me préparer à la venue de Jésus.
Avec mes parents, j'allume une bougie devant la crèche.

Texte : Geneviève Pasquier

1ER DIMANCHE DE L'AVENT

Première lecture

Cinq cents ans avant Jésus Christ, Isaïe parlait au nom du peuple d'Israël. Il appelait Dieu « Notre Père », comme nous aujourd'hui.

Lecture du livre du prophète Isaïe

Chapitre 63, versets 16b à 17, et 19b ; puis chapitre 64, versets 2b à 7

C'est toi, Seigneur, notre Père ;
« Notre-rédempteur-depuis-toujours », tel est ton nom.
Pourquoi, Seigneur, nous laisses-tu errer hors de tes chemins ?
Pourquoi laisser nos cœurs s'endurcir et ne plus te craindre ?
Reviens, à cause de tes serviteurs, des tribus de ton héritage.
Ah ! Si tu déchirais les cieux, si tu descendais,
les montagnes seraient ébranlées devant ta face.
Voici que tu es descendu : les montagnes furent ébranlées
devant ta face. Jamais on n'a entendu, jamais on n'a ouï dire,
nul œil n'a jamais vu un autre dieu que toi agir ainsi
pour celui qui l'attend. Tu viens rencontrer celui qui pratique
avec joie la justice, qui se souvient de toi en suivant tes chemins.
Tu étais irrité, mais nous avons encore péché,
et nous nous sommes égarés. Tous, nous étions comme
des gens impurs, et tous nos actes justes n'étaient que linges souillés.
Tous, nous étions desséchés comme des feuilles, et nos fautes,
comme le vent, nous emportaient. Personne n'invoque plus
ton nom, nul ne se réveille pour prendre appui sur toi.
Car tu nous as caché ton visage, tu nous as livrés au pouvoir
de nos fautes. Mais maintenant, Seigneur, c'est toi notre père.
Nous sommes l'argile, c'est toi qui nous façonnes :
nous sommes tous l'ouvrage de ta main.

Psaume 79

Dieu, fais-nous revenir, que ton visage s'éclaire, et nous serons sauvés !

Berger d'Israël, écoute,
resplendis au-dessus des Kéroubim !
Réveille ta vaillance
et viens nous sauver.

Dieu de l'univers, reviens !
Du haut des cieux, regarde et vois :
visite cette vigne, protège-la,
celle qu'a plantée ta main puissante.

Que ta main soutienne ton protégé,
le fils de l'homme qui te doit sa force.
Jamais plus nous n'irons loin de toi :
fais-nous vivre et invoquer ton nom !

Illustration : Clotilde Perrin

À VOUS LA PAROLE !

« Mon grand-père m'a abonnée à *Prions en Église Junior* pour Noël. Merci d'exister ! »

Jacinthe, 10 ans

Chère Jacinthe

Quelle belle énergie dans ton dessin : c'est comme si tu nous offrais à ton tour un cadeau ! Nous te souhaitons de belles fêtes de fin d'année avec ceux que tu aimes.

« Comment Marie a accouché sans l'aide d'un infirmier ? »

Élia, 9 ans

Chère Élia

Ta question est touchante ! Si, aujourd'hui, les femmes accouchent le plus souvent à la maternité, à l'époque de Marie, elles accouchaient seules ou avec une amie. Pour accoucher, il semble qu'elle était aussi avec Joseph. Va lire son histoire sur le poster !

UN MESSAGE, UNE PRIÈRE, UN DESSIN, UNE PHOTO, C'EST PAR ICI !

Chère rédaction, ...

....

....

....

Remplis ce coupon recto verso, mets-le dans une enveloppe timbrée et envoie-le à :
Prions en Église Junior,
18, rue Barbès,
92 128 Montrouge Cedex.
Ou à : prionseneglisejunior@groupebayard.com

Pour les photos, n'oublie pas de joindre une autorisation signée de tes parents !

Vous nous avez envoyé de très beaux dessins de crèches ! En voici quelques-uns.

Léa

Claire

Léonie

Éléonore

Audrey

MON NOM : ....

MON PRÉNOM : ....

MA DATE DE NAISSANCE : ....

MON ADRESSE : ....

....

N'oublie pas d'indiquer ton adresse complète si tu veux recevoir une réponse.

« J'attends Noël avec impatience ! Comment faites-vous pour vous préparer à Noël ? »

Éloïse,
11 ans

Zélie,
11 ans

Petite, j'attendais les cadeaux. Mais, maintenant, je me pose des questions parce que j'ai grandi. Et puis, la naissance de Jésus me rend très heureuse. Il est très présent dans ma vie. Je ne sais pas ce que je serais sans lui.

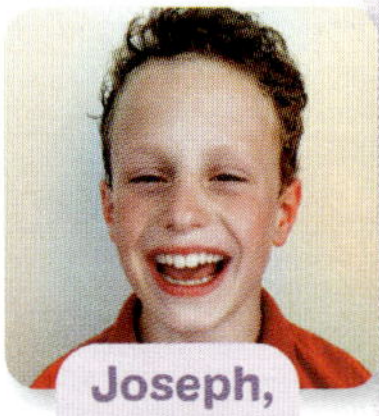

Joseph,
9 ans

Moi, je suis chrétien et j'aime bien Jésus. J'attends son anniversaire plus que les cadeaux. Je n'ai pas forcément de patience, hélas. Mais pour que ça passe vite, je prépare la crèche, les bougies, la couronne, les calendriers avec du chocolat dans chaque case...

Hugues,
8 ans

J'attends Noël en continuant ma vie normale : je joue, je prie, je mange... Quand on s'approche de Noël, j'attends Jésus, ça veut dire la joie. C'est Jésus qui descend sur terre.

Annaëlle,
11 ans

J'attends impatiemment les bons moments avec toute ma famille ! En attendant, j'écris des lettres aux personnes importantes pour moi : mes parents, mes frères, mes grands-parents...

Paul,
11 ans

Pour attendre Noël, avec mes parents et mes frères et sœurs, on prépare des feuilles pliées en quatre. Sur chaque feuille, on écrit une chose à faire chaque jour : parler à quelqu'un à l'école, rendre un service, réciter le Notre Père...

TU AS DES QUESTIONS, SUR LA PRIÈRE, SUR LA FOI, SUR JÉSUS ? ÉCRIS-NOUS !

Propos recueillis par Anne-Quitterie Jozeau et Frédéric Pascal. Photos : D. R.

Le marché de Noël de Strasbourg

Du 24 novembre au 24 décembre, le marché de Noël se tient au pied de la cathédrale Notre-Dame, à Strasbourg. Deux millions de visiteurs sont attendus pour le *Christkindelsmärik*, ce qui veut dire le « marché de l'enfant Jésus » en alsacien.

Sauras-tu retrouver ces 10 personnages ?

Illustrations : Claire Le Meil

MA SEMAINE

Lundi 30 octobre

Sainte Maéva

Comment s'est passé mon week-end ?

Mardi 31 octobre

Saint Quentin

Aujourd'hui, j'ai appris : ....

....

....

Mercredi 1er novembre

Fête de tous les saints

Je lis la prière page 20.

Jeudi 2 novembre

Commémoration des défunts

Je prie pour les personnes décédées de ma famille, j'écris leurs prénoms : ....

....

Vendredi 3 novembre

Saint Hubert

Ma journée était :

- ☐ Trop sympa
- ☐ Trop dure
- ☐ Pas mal du tout

Samedi 4 novembre

Sainte Jessica

J'écris ce que j'ai réussi aujourd'hui :

....

....

Dimanche 5 novembre

Sainte Élise

Je lis l'évangile de ce dimanche et je fais l'atelier (pages 24-27).
Qu'est-ce qui m'aide à aimer comme Jésus ?..............................

....

TOUS LES SAINTS

Première lecture

Saint Jean raconte dans une vision ce qui se passera le jour où Dieu réunira tous les hommes autour de lui pour toujours.

Lecture de l'Apocalypse de saint Jean

Chapitre 7, versets 2 à 4 et 9 à 14

Moi, Jean, j'ai vu un ange qui montait du côté où le soleil se lève, avec le sceau qui imprime la marque du Dieu vivant; d'une voix forte, il cria aux quatre anges qui avaient reçu le pouvoir de faire du mal à la terre et à la mer : « Ne faites pas de mal à la terre, ni à la mer, ni aux arbres, avant que nous ayons marqué du sceau le front des serviteurs de notre Dieu. »
Et j'entendis le nombre de ceux qui étaient marqués du sceau : ils étaient cent quarante-quatre mille, de toutes les tribus des fils d'Israël. Après cela, j'ai vu; et voici une foule immense, que nul ne pouvait dénombrer, une foule de toutes nations, tribus, peuples et langues. Ils se tenaient debout devant le Trône et devant l'Agneau, vêtus de robes blanches, avec des palmes à la main. Et ils s'écriaient d'une voix forte : « Le salut appartient à notre Dieu qui siège sur le Trône et à l'Agneau ! »
Tous les anges se tenaient debout autour du Trône, autour des Anciens et des quatre Vivants; se jetant devant le Trône, face contre terre, ils se prosternèrent devant Dieu. Et ils disaient : « Amen ! Louange, gloire, sagesse et action de grâce, honneur, puissance et force à notre Dieu, pour les siècles des siècles ! Amen ! »
L'un des Anciens prit alors la parole et me dit : « Ces gens vêtus de robes blanches, qui sont-ils, et d'où viennent-ils ? »
Je lui répondis : « Mon seigneur, toi, tu le sais. » Il me dit : « Ceux-là viennent de la grande épreuve; ils ont lavé leurs robes, ils les ont blanchies par le sang de l'Agneau. »

Psaume 23

Voici le peuple de ceux qui cherchent ta face, Seigneur.

Au Seigneur, le monde et sa richesse,
la terre et tous ses habitants !
C'est lui qui l'a fondée sur les mers
et la garde inébranlable sur les flots.

Qui peut gravir la montagne du Seigneur
et se tenir dans le lieu saint ?
L'homme au cœur pur, aux mains innocentes,
qui ne livre pas son âme aux idoles.

Il obtient, du Seigneur, la bénédiction,
et de Dieu son Sauveur, la justice.
Voici le peuple de ceux qui le cherchent,
Voici Jacob qui recherche ta face !

Illustration : Julia Chausson

Deuxième lecture

**Dieu a pour nous la tendresse d'un père.
Jésus nous l'a dit et nous l'a montré :
nous sommes tous des fils et des filles de Dieu.**

Lecture de la première lettre de saint Jean

Chapitre 3, versets 1 à 3

Bien-aimés,
voyez quel grand amour nous a donné le Père
pour que nous soyons appelés **enfants de Dieu**
– et nous le sommes.
Voici pourquoi le monde ne nous connaît pas :
c'est qu'il n'a pas connu Dieu.
Bien-aimés,
dès maintenant, nous sommes enfants de Dieu,
mais ce que nous serons
n'a pas encore été manifesté.
Nous le savons : quand cela sera manifesté,
nous lui serons semblables
car nous le verrons tel qu'il est.
Et quiconque met en lui une telle espérance
se rend pur comme lui-même est pur.

• **enfants de Dieu :** être enfant de Dieu, c'est être aimé de Dieu et le reconnaître comme notre Père.

Évangile

On appelle cet Évangile les « Béatitudes », ce qui veut dire « bonheur parfait ». Jésus nous promet le bonheur, et cette promesse nous donne des ailes !

Évangile de Jésus Christ selon saint Matthieu

Chapitre 5, versets 1 à 12a

En ce temps-là, voyant les foules,
Jésus gravit la montagne.
Il s'assit, et ses disciples s'approchèrent de lui.
Alors, ouvrant la bouche, il les enseignait.
Il disait : « Heureux **les pauvres de cœur,**
car le royaume des Cieux est à eux.
Heureux ceux qui pleurent, car ils seront consolés.
Heureux les doux, car ils recevront la terre en héritage.
Heureux ceux qui ont faim et soif de la justice,
car ils seront rassasiés.
Heureux **les miséricordieux,** car ils obtiendront miséricorde.
Heureux les cœurs purs, car ils verront Dieu.
Heureux les artisans de paix,
car ils seront appelés fils de Dieu.
Heureux ceux qui sont persécutés pour la justice,
car le royaume des Cieux est à eux.

- **les pauvres de cœur :** les pauvres de cœur, ce sont tous ceux qui comprennent qu'ils ont besoin des autres et sont prêts à accueillir Dieu.
- **les miséricordieux :** les personnes miséricordieuses sont sensibles à la souffrance des autres et savent pardonner à ceux qui leur ont fait du mal.

Heureux êtes-vous si l'on vous insulte,
si l'on vous persécute et si l'on dit faussement
toute sorte de mal contre vous, à cause de moi.
Réjouissez-vous, soyez dans l'allégresse,
car votre récompense est grande dans les cieux ! »

Illustration : Marcelino Truong

Ton atelier de l'Évangile

1 Dans l'évangile du jour, un mot est répété 9 fois.

Pour le retrouver, barre les mots dans la grille. Avec les lettres restantes, reconstitue le mot répété.

A	R	E	C	O	M	P	E	N	S	E
L	A	H	M	O	N	T	A	G	N	E
L	R	J	U	S	T	I	C	E	E	R
E	T	E	U	C	I	E	U	X	P	O
G	I	S	C	O	E	U	R	S	A	Y
R	S	U	P	A	I	X	R	E	U	A
E	A	S	B	O	U	C	H	E	V	U
S	N	I	N	S	U	L	T	E	R	M
S	H	E	R	I	T	A	G	E	E	E
E	C	O	N	S	O	L	E	S	U	X
M	I	S	E	R	I	C	O	R	D	E

ALLÉGRESSE
ARTISAN
BOUCHE
CIEUX
CŒURS
CONSOLÉS
HÉRITAGE
INSULTE
JÉSUS
JUSTICE
MISÉRICORDE
MONTAGNE
PAIX
PAUVRE
RÉCOMPENSE
ROYAUME

Le mot à trouver est : _ _ _ _ _ _ _

Réponse : il s'agit du mot « heureux ».

2 À qui Jésus annonce-t-il le bonheur ?

Trois intrus se sont glissés dans la liste. Retrouve-les et raye-les.

- Les artisans de paix.
- Ceux qui pleurent.
- Ceux qui prennent leur temps.
- Les doux.
- Les grincheux.
- Ceux qui ont faim et soif de justice.
- Ceux qui aiment les céréales.

Réponse : ceux qui prennent leur temps ; les grincheux ; ceux qui aiment les céréales.

3 Et toi, de quoi as-tu besoin pour être heureux ?

Coche la ou les réponses que tu préfères.

J'ai besoin...

- ☐ de douceur.
- ☐ de justice.
- ☐ de jeux.
- ☐ de paix.
- ☐ de pardon.
- ☐ de joie.
- ☐ d'amitié.

4 Il y a sûrement plein de personnes autour de toi qui te rendent heureux.

Écris leur nom ici et confie-les à Jésus.

Jésus, je te confie :

....

....

....

....

Autrement dit

Comment Jésus ose-t-il annoncer le bonheur à ceux qui souffrent, à ceux qui pleurent ou à ceux qui sont faibles ? Parce que, dans son Royaume, ces gens-là seront consolés. Les saints vivent déjà ce bonheur. Et nous sommes invités à en faire de même, ici et maintenant. Être saint, c'est tenir son cœur ouvert à Dieu.

Textes : Karem Bustica et Sophie Pelloux-Prayer Illustration : Marcelino Truong, Photo : AdobeStock

C'est quoi, un saint ?

- Aujourd'hui, c'est la fête de la Toussaint.
C'est la fête de tous les saints, ceux qui sont connus et ceux que l'on connaît moins.

- Ce matin, je suis allée à la messe avec mes cousins.

- Après la messe, on a discuté de la sainteté.
Même entre cousins, on avait des avis différents !

- Le prêtre nous a entendus discuter.
Il est venu nous voir et il nous a aidés à comprendre.

- En fait, être saint, c'est vivre sa vie avec beaucoup d'amour, en utilisant ses talents.

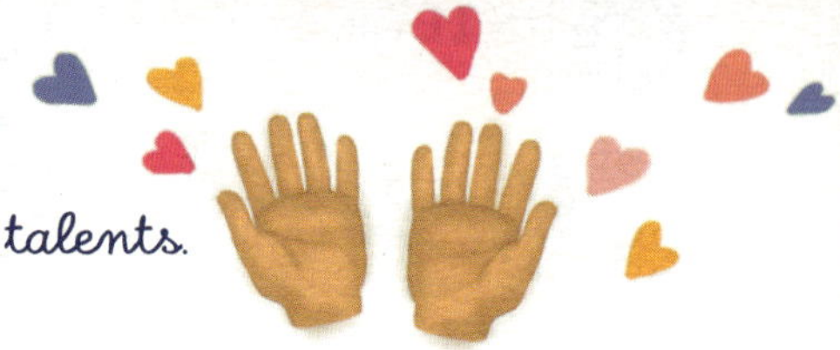

- Finalement, c'est à la fois simple et difficile d'être saint ! Le prêtre nous a expliqué qu'on peut être saint dans la vie de tous les jours, en aimant Dieu et les autres très fort.

Mais comment faire ?

- On a eu quelques idées : d'abord prier Dieu, mais aussi...

s'occuper des personnes qui ont besoin d'aide... discuter avec ceux qui sont seuls... et protéger la nature !

- Pas besoin d'être chauve ou un superhéros... On peut être « tous saints »... Alors, c'est parti !

Texte : Laure de Chérisey. Illustrations : Anne Ardichvili.

Le chemin des serviteurs de Dieu

Ils sont un, dix et des milliers
à t'écouter, Seigneur.
Ils sont un, dix et des milliers
à garder ta Parole.
Ils aiment et ils pardonnent,
ils consolent les malheureux,
ils vivent dans la justice,
ils font grandir la paix.
Moi aussi, je veux marcher
dans cette foule, et grandir jusqu'à toi.
Montre-moi, Seigneur,
le chemin des serviteurs de Dieu !

Texte : Geneviève Pasquier . Illustration : Adobestock

31E DIMANCHE DU TEMPS ORDINAIRE

Première lecture

Il y a 2500 ans, Malachie disait la colère de Dieu contre les prêtres de Jérusalem : ils ne donnaient pas le bon exemple.

Lecture du livre du prophète Malachie

Du chapitre 1, verset 14b au chapitre 2, versets 2b et 8 à 10

Je suis un grand roi – dit le Seigneur de l'univers –,
et mon nom inspire la crainte parmi les nations.
Maintenant, prêtres, à vous cet avertissement :
Si vous n'écoutez pas, si vous ne prenez pas à cœur
de glorifier mon nom – dit le Seigneur de l'univers –,
j'enverrai sur vous la malédiction,
je maudirai les bénédictions que vous prononcerez.
Vous vous êtes écartés de la route, vous avez fait de **la Loi**
une occasion de chute pour la multitude,
vous avez détruit mon alliance avec mon serviteur Lévi,
– dit le Seigneur de l'univers. À mon tour
je vous ai méprisés, abaissés devant tout le peuple,
puisque vous n'avez pas gardé mes chemins,
mais agi avec partialité dans l'application de la Loi.
Et nous, n'avons-nous pas tous un seul Père ?
N'est-ce pas un seul Dieu qui nous a créés ? Pourquoi nous trahir
les uns les autres, profanant ainsi l'Alliance de nos pères ?

• **la Loi :** la loi de Dieu, c'est les commandements que Dieu a donnés à son peuple pour lui rester fidèle. On la retrouve au début de la Bible.

Psaume 130

Garde mon âme dans la paix près de toi, Seigneur.

Seigneur, je n'ai pas le cœur fier
ni le regard ambitieux;
je ne poursuis ni grands desseins,
ni merveilles qui me dépassent.

Non, mais je tiens mon âme
égale et silencieuse;
mon âme est en moi comme un enfant,
comme un petit enfant contre sa mère.

Attends le Seigneur, Israël,
maintenant et à jamais.

Deuxième lecture

À Thessalonique, une ville grecque, beaucoup de personnes ont écouté Paul et sont devenues chrétiennes. Paul est heureux.

Lecture de la première lettre de saint Paul apôtre aux Thessaloniciens

Chapitre 2, versets 7b à 9 et verset 13

Frères,
nous avons été pleins de douceur avec vous,
comme une mère qui entoure de soins ses nourrissons.
Ayant pour vous une telle affection,
nous aurions voulu vous donner
non seulement l'Évangile de Dieu,
mais jusqu'à nos propres vies,
car vous nous étiez devenus très chers.
Vous vous rappelez, frères, nos peines et nos fatigues :
c'est en travaillant nuit et jour,
pour n'être à la charge d'aucun d'entre vous,
que nous vous avons annoncé l'Évangile de Dieu.
Et voici pourquoi nous ne cessons de rendre grâce à Dieu :
quand vous avez reçu la parole de Dieu
que nous vous faisions entendre,
vous l'avez accueillie pour ce qu'elle est réellement,
non pas une parole d'hommes,
mais la parole de Dieu **qui est à l'œuvre** en vous,
les croyants.

• **qui est à l'œuvre :** qui agit.

Évangile

Jésus est en colère : des hommes très croyants se prennent pour les meilleurs et se font remarquer. Mais ce n'est pas comme cela que Jésus s'est mis au service de Dieu.

Évangile de Jésus Christ selon saint Matthieu

Chapitre 23, versets 1 à 12

En ce temps-là, Jésus s'adressa aux foules et à ses disciples, et il déclara : « Les scribes et les pharisiens enseignent **dans la chaire de Moïse.** Donc, tout ce qu'ils peuvent vous dire, faites-le et observez-le. Mais n'agissez pas d'après leurs actes, car ils disent et ne font pas.
Ils attachent de pesants fardeaux, difficiles à porter, et ils en chargent les épaules des gens; mais eux-mêmes ne veulent pas les remuer du doigt. Toutes leurs actions, ils les font pour être remarqués des gens : ils élargissent **leurs phylactères** et rallongent **leurs franges;**

- **dans la chaire de Moïse :** une chaire, c'est une tribune en hauteur depuis laquelle on enseigne quelque chose aux autres. Ici, cela veut dire que les pharisiens donnent un enseignement fidèle à ce que disait Moïse.
- **leurs phylactères :** ces petits étuis contiennent quelques lignes de la Loi. Les Juifs les attachent sur leur bras et sur leur front pendant la prière.
- **leurs franges :** ce sont des fils que certains Juifs très religieux accrochent à leur manteau. Ils leur rappellent les commandements de Dieu.
- **les synagogues :** une synagogue, c'est le bâtiment où les Juifs se rassemblent pour prier et lire la Bible.
- **Rabbi :** cela veut dire « maître » en araméen, la langue de Jésus.

ils aiment les places d'honneur dans les dîners,
les sièges d'honneur dans **les synagogues** et les salutations
sur les places publiques; ils aiment recevoir des gens
le titre de **Rabbi.** Pour vous, ne vous faites pas donner
le titre de Rabbi, car vous n'avez qu'un seul maître
pour vous enseigner, et vous êtes tous frères.
Ne donnez à personne sur terre le nom de père,
car vous n'avez qu'un seul Père, celui qui est aux cieux.
Ne vous faites pas non plus donner le titre de maîtres,
car vous n'avez qu'un seul maître, le Christ.
Le plus grand parmi vous sera votre serviteur.
Qui s'élèvera sera abaissé, qui s'abaissera sera élevé. »

Illustration : Marcelino Truong

Ton atelier de l'Évangile

1 Dans l'évangile du jour, que dit Jésus à ses amis ?

Remplis la grille. Avec les lettres colorées, retrouve le mot manquant dans la phrase.

1 : Un poids, quelque chose de lourd à porter.

2 : Jésus parle d'eux et des pharisiens.

3 : Ceux qui suivent Jésus.

4 : Nom que Jésus donne à Dieu.

5 : Lieu où les Juifs vont prier et enseigner.

6 : Prophète qui a reçu la loi de Dieu sur le mont Sinaï.

Jésus dit :
« Vous êtes tous _ _ _ _ _ _ . »

Réponses : 1. Fardeau, 2. Scribes, 3. Disciples, 4. Père, 5. Synagogue, 6. Moïse.
Jésus dit : « Vous êtes tous frères. »

2 Comment comprends-tu la phrase de Jésus ?

Coche la réponse qui te convient le mieux, ou écris ta propre réponse.

- ☐ Nous sommes tous égaux.
- ☐ Nous devons prendre soin les uns des autres.
- ☐ Les êtres humains font tous partie de la même famille.
- ☐ Nous sommes tous enfants de Dieu.
- ☐ ....
....
....

3 Et toi, as-tu des frères et sœurs ?

Écris ici leur prénom. Si tu n'en as pas, écrit le prénom d'amis que tu aimes comme des frères et sœurs.

4 En choisissant de suivre Jésus, nous acceptons d'être tous frères et sœurs !

Dessine ici la grande famille des chrétiens.

Autrement dit

Parfois, on fait des choses uniquement pour que les autres nous admirent... Dieu nous connaît ! Cela ne sert à rien de faire semblant d'être parfait. Devant Dieu, le plus important, ce n'est pas « d'avoir l'air » de le prier, par exemple, mais de le prier pour de vrai ! Aimer Dieu de tout son cœur, c'est lui faire confiance comme à un père.

Textes : Patricia Metzger et Sophie Pelloux-Prayer. Illustration : Marcelino Truong. Photo : AdobeStock

Visite une église

Les saints

De nombreux saints sont représentés dans les églises. Les saints nous aident à prier Dieu et à nous souvenir que nous sommes tous appelés à devenir des amis de Jésus, comme eux.

Quand tu entres dans une église, des personnages t'attendent.
Ce sont les saints, représentés en statues, en tableaux ou sur les vitraux.

LE SAINT PATRON DE L'ÉGLISE...

De même que tu as un saint patron (le saint de ton prénom), une église porte aussi le nom d'un saint. Il y a « Notre Dame », en l'honneur de Marie, la maman de Jésus. Mais il y a aussi l'église Sainte-Thérèse, Saint-Pierre... Parfois, c'est le nom d'un saint que nous ne connaissons pas bien, comme « église Saint-Sulpice ».

Fais le tour de l'église, regarde les piliers, les chapelles latérales, le chœur : où se trouve le saint patron de cette église ?

… ET LES AUTRES !

On trouve d'autres saints dans une église : dans de petites chapelles, on peut prier un saint ou une sainte en particulier. Ainsi, on s'adresse à sainte Rita quand on vit des difficultés. On prie saint Antoine quand on veut retrouver quelque chose qu'on a perdu, etc.

Observe bien une statue, essaie de la dessiner. Écris une prière que tu veux confier à ce saint ou cette sainte.

LES ATTRIBUTS

Les saints sont représentés avec leurs « attributs », c'est-à-dire un signe de reconnaissance lié à leur vie. Ainsi, on reconnaît saint Pierre parce qu'il porte des clés (Jésus lui a confié les clés de l'Église). Sainte Catherine porte une bague, symbole du mariage. Saint Jacques est représenté en pèlerin, avec des coquilles.

Texte : Michèle Clavier. Illustrations : Artur Rainho.

MA SEMAINE

Lundi 6 novembre

Saint Léonard

C'est la fin des vacances !
Comment se sont-elles passées ?

Mardi 7 novembre

Sainte Carine

Je repense à ma journée.
Seigneur, merci pour ....

....

Mercredi 8 novembre

Saint Geoffroy

Qui ai-je fait sourire aujourd'hui ?

....

....

Jeudi 9 novembre

Saint Théodore

Je fais silence
dans mon cœur.
Je répète
le nom de Jésus.

Vendredi 10 novembre

Saint Léon

Ma journée était :

- ☐ Pas terrible
- ☐ Pas si mal
- ☐ Trop top

Samedi 11 novembre

Saint Martin de Tours

Aujourd'hui, j'ai partagé :

- ☐ Mon goûter
- ☐ Un peu de mon temps
- ☐ ....

Dimanche 12 novembre

Saint Christian

Je lis l'évangile de ce dimanche et je fais l'atelier (pages 34-37).
Quel est le moment que je réserve à Jésus ? ....

....

Texte : Geneviève Pasquier

32e DIMANCHE DU TEMPS ORDINAIRE

Première lecture

Qu'est-ce que la Sagesse ? Et si c'était Dieu qui vient par surprise à notre rencontre, et guide nos pas sur les chemins de la vie ?

Lecture du livre de la Sagesse

Chapitre 6, versets 12 à 16

La **Sagesse** est resplendissante,
elle ne **se flétrit** pas.
Elle se laisse aisément contempler par ceux qui l'aiment,
elle se laisse trouver par ceux qui la cherchent.
Elle devance leurs désirs en se faisant connaître la première.
Celui qui la cherche dès l'aurore ne se fatiguera pas :
il la trouvera assise à sa porte.
Penser à elle est la perfection du discernement,
et celui qui veille à cause d'elle
sera bientôt délivré du souci. Elle va et vient
à la recherche de ceux qui sont dignes d'elle;
au détour des sentiers,
elle leur apparaît avec un visage souriant;
dans chacune de leurs pensées,
elle vient à leur rencontre.

- **La Sagesse :** la sagesse est la qualité de quelqu'un de réfléchi, qui connaît le vrai et le bien. Dans la Bible, la Sagesse (avec une majuscule), c'est Dieu qui nous invite à agir comme lui.
- **se flétrit :** se flétrir signifie faner, perdre de son éclat, de sa fraîcheur.

Psaume 62

Mon âme a soif de toi, Seigneur, mon Dieu !

Dieu, tu es mon Dieu,
je te cherche dès l'aube :
mon âme a soif de toi ;
après toi languit ma chair,
terre aride, altérée, sans eau.

Je t'ai contemplé au sanctuaire,
j'ai vu ta force et ta gloire.
Ton amour vaut mieux que la vie :
tu seras la louange de mes lèvres !

Toute ma vie je vais te bénir,
lever les mains en invoquant ton nom.
Comme par un festin je serai rassasié ;
la joie sur les lèvres, je dirai ta louange.

Dans la nuit, je me souviens de toi
et je reste des heures à te parler.
Oui, tu es venu à mon secours :
je crie de joie à l'ombre de tes ailes.

Illustration : Martin Jarrie

Deuxième lecture

Paul le rappelle : nous sommes unis à Jésus ressuscité. Ne soyons pas tristes : un jour, nos amis morts ressusciteront aussi.

Lecture de la première lettre de saint Paul apôtre aux Thessaloniciens

Chapitre 4, versets 13 à 14 (lecture brève)

Frères,
nous ne voulons pas vous laisser dans l'ignorance
au sujet de ceux qui se sont endormis dans la mort;
il ne faut pas que vous soyez abattus comme les autres,
qui n'ont pas d'espérance.
Jésus, nous le croyons, est mort et ressuscité;
de même, nous le croyons aussi,
ceux qui se sont endormis,
Dieu, par Jésus, les emmènera avec lui.

Découvre aussi l'évangile de ce dimanche en BD page 38.

Évangile

Le royaume des Cieux ressemble à une grande fête. En l'attendant, préparons-nous. Car ce jour-là, nous rencontrerons Jésus. Et si la fête avait déjà commencé ?

Évangile de Jésus Christ selon saint Matthieu

Chapitre 25, versets 1 à 13

En ce temps-là, Jésus disait à ses disciples cette parabole :
« Le royaume des Cieux sera comparable
à dix jeunes filles invitées à des noces,
qui prirent leur lampe pour sortir à la rencontre de l'époux.
Cinq d'entre elles étaient **insouciantes,**
et cinq étaient prévoyantes : les insouciantes avaient pris
leur lampe sans emporter **d'huile,**
tandis que les **prévoyantes** avaient pris, avec leurs lampes,
des flacons d'huile. Comme l'époux tardait,
elles s'assoupirent toutes et s'endormirent.
Au milieu de la nuit, il y eut un cri :
"Voici l'époux ! Sortez à sa rencontre."
Alors toutes ces jeunes filles se réveillèrent
et se mirent à préparer leur lampe.

- **insouciantes :** quelqu'un qui est insouciant ne se fait de souci pour rien, il ne réfléchit pas à ce qu'il fait.
- **d'huile :** au temps de Jésus, on utilisait des lampes à huile pour s'éclairer la nuit. On allumait une petite mèche qui trempait dans de l'huile.
- **prévoyantes :** quelqu'un qui est prévoyant imagine à l'avance ce qui va arriver et sait se préparer.

Les insouciantes demandèrent aux prévoyantes :
“Donnez-nous de votre huile, car nos lampes s’éteignent.”
Les prévoyantes leur répondirent : “Jamais cela ne suffira pour nous et pour vous, allez plutôt chez les marchands vous en acheter.” Pendant qu’elles allaient en acheter, l’époux arriva. Celles qui étaient prêtes entrèrent avec lui dans la salle des noces, et la porte fut fermée.
Plus tard, les autres jeunes filles arrivèrent à leur tour et dirent : “Seigneur, Seigneur, ouvre-nous !”
Il leur répondit : “Amen, je vous le dis : je ne vous connais pas.”
Veillez donc, car vous ne savez ni le jour ni l’heure. »

Illustration : Marcelino Truong

Ton atelier de l'Évangile

1 Dans l'évangile du jour, les jeunes filles se rendent à...
Coche la bonne réponse.

- ☐ Un anniversaire.
- ☐ Une soirée pyjama.
- ☐ Un mariage.
- ☐ Un baptême.

Réponse : un mariage.

2 Que doivent-elles garder allumé pour accueillir l'époux ?
Entoure le dessin qui convient.

Un lampadaire.

Une lampe à huile.

Un feu de bois.

Réponse : une lampe à huile.

3 Comment te prépares-tu pour accueillir un invité ?

Entoure ou ajoute la réponse qui te convient.

J'enfile de beaux habits.

Je prépare la cuisine.

Je décore le salon.

Je lui fais un dessin.

Je prépare des blagues.

....
....

4 Et Jésus, comment l'accueilles-tu ?

Dessine ici ta manière d'accueillir Jésus.

Autrement dit

Lorsque tu attends un ami, tu veux que tout soit prêt. Comme les jeunes filles prévoyantes de l'évangile, qui ont préparé de l'huile pour que leurs lampes restent allumées. Toi aussi, pour apporter la lumière de l'amour de Jésus à ceux que tu aimes, tu es invité à préparer de l'huile. C'est ta prière. Grâce à elle, tu peux garder ouverte la porte de ton cœur et entendre ce que Dieu veut te dire !

Textes : Thibault Van Den Driessche et Sophie Pelloux-Prayer. Illustrations : Marcelino Truong, Estelle Chandelier ; Photo : AdobeStock

Les dix jeunes filles

Dans l'évangile de ce dimanche, Jésus fait une drôle de comparaison : le royaume des Cieux ressemblerait à dix jeunes filles invitées à un mariage…

Parmi ces jeunes filles, la moitié est prévoyante…

… et l'autre moitié est insouciante.

Texte : Sophie Pelloux-Prayer, d'après Mt 25, 1-13. Illustrations : Stéphanie Rubini

MA SEMAINE

Lundi 13 novembre

Saint Brice

Avec qui, j'ai joué aujourd'hui ?

....

....

Mardi 14 novembre

Sainte Sidonie

Je prie pour les personnes qui parlent de Jésus.

Mercredi 15 novembre

Saint Léopold

Je repense à ma journée. Seigneur, pardon pour ....

....

....

Jeudi 16 novembre

Sainte Gertrude

Aujourd'hui, je me suis amusé avec ....

....

....

Vendredi 17 novembre

Sainte Élisabeth de Hongrie

Comment je me sens aujourd'hui ? Je complète ce visage.

Samedi 18 novembre

Sainte Aude

Que vais-je faire ce week-end ? J'écris mes activités :

....

....

Dimanche 19 novembre

Saint Eudes

Je lis l'évangile de ce dimanche et je fais l'atelier (pages 44-47).
Quel talent est-ce que je peux faire fructifier ? ....

....

Texte : Geneviève Pasquier

33E DIMANCHE DU TEMPS ORDINAIRE

Première lecture

Le livre des Proverbes est un ensemble de conseils donnés pour bien mener sa vie avec les autres.

Lecture du livre des Proverbes

Chapitre 31, versets 10 à 13, 19 à 20 et 30 à 31

Une femme parfaite, qui la trouvera ? Elle est précieuse plus que les perles ! Son mari peut lui faire confiance : il ne manquera pas de ressources. Elle fait son bonheur, et non pas sa ruine, tous les jours de sa vie.
Elle sait choisir la laine et le lin,
et ses mains travaillent volontiers. Elle tend la main vers **la quenouille,** ses doigts dirigent **le fuseau.**
Ses doigts s'ouvrent en faveur du pauvre,
elle tend la main au malheureux.
Le charme est trompeur et la beauté s'évanouit;
seule, la femme qui craint le Seigneur mérite **la louange.**
Célébrez-la pour les fruits de son travail :
et qu'aux portes de la ville, ses œuvres disent sa louange !

- **la quenouille :** la quenouille est un petit bâton qui sert à transformer le lin, le coton ou la soie en fil. Avec ces fils, on fabrique des vêtements.
- **le fuseau :** le fuseau est une toupie allongée autour de laquelle on enroule le fil de coton ou de soie.
- **la louange :** c'est une parole qui célèbre la grandeur d'une personne.

Psaume 127

Heureux qui craint le Seigneur !

Heureux qui craint le Seigneur
et marche selon ses voies !
Tu te nourriras du travail de tes mains :
Heureux es-tu ! À toi, le bonheur !

Ta femme sera dans ta maison
comme une vigne généreuse,
et tes fils, autour de la table,
comme des plants d'olivier.

Voilà comment sera béni
l'homme qui craint le Seigneur.
De Sion, que le Seigneur te bénisse !
Tu verras le bonheur de Jérusalem
tous les jours de ta vie.

Illustration : Julia Chausson

Deuxième lecture

**Le Seigneur est long à venir !
La date est inconnue, nous dit saint Paul.
Ne nous laissons pas surprendre !**

Lecture de la première lettre de saint Paul apôtre aux Thessaloniciens

Chapitre 5, versets 1 à 6

Pour ce qui est des temps et des moments
de la venue du Seigneur, vous n'avez pas besoin, frères,
que je vous en parle dans ma lettre.
Vous savez très bien que le jour du Seigneur vient
comme un voleur dans la nuit.
Quand les gens diront :
« Quelle paix ! quelle tranquillité ! »,
c'est alors que, tout à coup, la catastrophe s'abattra sur eux,
comme les douleurs sur la femme enceinte :
ils ne pourront pas y échapper. Mais vous, frères,
comme vous n'êtes pas dans **les ténèbres,**
ce jour ne vous surprendra pas comme un voleur.
En effet, vous êtes tous des fils de la lumière,
des fils du jour ;
nous n'appartenons pas à la nuit et aux ténèbres.
Alors, ne restons pas endormis comme les autres,
mais soyons **vigilants** et restons **sobres.**

- **les ténèbres :** les ténèbres, c'est l'absence totale de lumière.
- **vigilants :** est vigilant celui qui surveille attentivement.
- **sobres :** être sobre, c'est rester simple et discret.

Évangile

Jésus raconte une histoire pour nous faire comprendre que Dieu nous donne un trésor : c'est notre vie. Comment la rendre la plus belle possible ?

Évangile de Jésus Christ selon saint Matthieu

Chapitre 25, versets 14 à 15 et 19 à 21 (lecture brève)

En ce temps-là, Jésus disait à ses disciples cette parabole :
« C'est comme un homme qui partait en voyage :
il appela ses serviteurs et leur confia ses biens.
À l'un il remit une somme de cinq **talents,**
à un autre deux talents, au troisième un seul talent,
à chacun selon ses capacités. Puis il partit.
Longtemps après, le maître de ces serviteurs revint
et il leur demanda des comptes.
Celui qui avait reçu cinq talents s'approcha,
présenta cinq autres talents et dit : "Seigneur,
tu m'as confié cinq talents; voilà, j'en ai gagné cinq autres."
Son maître lui déclara : "Très bien,
serviteur bon et fidèle, tu as été fidèle pour peu de choses,
je t'en confierai beaucoup;
entre dans la joie de ton seigneur." »

• **talents :** à l'époque de Jésus, un talent, c'était un lingot d'or ou d'argent qui pesait 26 kg.

Illustration : Marcelino Truong

Ton atelier de l'Évangile

1 Dans l'évangile du jour, un maître confie cinq talents à un serviteur. Combien ce dernier en rend-il au retour du maître ?

Entoure la bonne réponse.

5 10 50 100

Réponse : 10.

2 Comment le maître qualifie-t-il son serviteur, en retrouvant ses talents ?

Retrouve les mots dans la grille et, avec les lettres restantes, découvre le mot mystère.

P	D	I	S	C	I	P	L	E	E
A	T	J	C	H	O	S	E	F	N
R	A	O	I	D	B	O	N	J	T
A	L	I	C	I	N	Q	E	E	R
B	E	E	A	U	T	R	E	S	E
O	N	C	O	N	F	I	E	U	L
L	T	M	A	I	T	R	E	S	E
E	S	E	R	V	I	T	E	U	R

AUTRE
BON
CHOSE
CINQ
CONFIE
DISCIPLE
ENTRE
JÉSUS
JOIE
MAÎTRE
PARABOLE
SERVITEUR
TALENT

Le serviteur est : _ _ _ _ _ _.

Réponse : fidèle.

3 Et toi, quels sont tes talents ? Faire la cuisine ? dessiner ? courir ?

Écris-les ici.

4 Demande à Jésus de t'aider à faire grandir tes talents.

À partir de cette graine, tu peux dessiner un grand arbre. Quand tu auras fini ton dessin, tu pourras le contempler et réciter cette prière.

Mon Dieu, merci de m'avoir
donné des talents.
Ils sont encore à l'état
de graine. Aide-moi
à les faire grandir,
pour qu'ils poussent
toujours plus vers toi !

Autrement dit

Jésus parle en paraboles pour annoncer le royaume de Dieu. Dans ce royaume, chacun reçoit un don à faire fructifier selon ses propres talents. Ce don, c'est la Bonne Nouvelle. Dieu attend qu'elle soit répandue et que tout le monde l'entende.

Textes : Karem Bustica et Sophie Pelloux-Prayer Illustrations : Marcelino Truong, Estelle Chandelier; Photo : AdobeStock

REPORTAGE

Le grand-père d'Augustin est au ciel

« Je m'appelle Augustin, j'ai 8 ans, je vis à Beaucouzé, à côté d'Angers. L'an dernier, j'ai perdu mon papy, le papa de mon papa. Il est mort d'un cancer. »

MES SOUVENIRS AVEC MON GRAND-PÈRE

PAPY AIMAIT BEAUCOUP FAIRE DES PUZZLES. La dernière fois qu'on a fêté Noël avec toute la famille, on en a fait un de 1000 pièces rien que tous les deux ! Quand Papy et Manou venaient chez nous, Papy jouait avec moi au garage à vélos. Je me rappelle aussi que son dessert préféré était le flan. Aujourd'hui, avec Manou, on regarde des photos et on parle de Papy.

PAPY EST MORT LE JOUR DES RAMEAUX

DEPUIS PLUSIEURS MOIS, PAPA NOUS DISAIT QUE PAPY ALLAIT DE MOINS EN MOINS BIEN. Il avait un cancer. J'avais compris qu'il ne pourrait pas guérir de sa maladie. Il a fêté son anniversaire de 85 ans. Quatre jours après, alors qu'on se réveillait pour aller à l'école, Papa nous a dit que Papy venait de mourir. Je me suis senti triste et fatigué. Mais je n'étais pas en colère.

UN ENTERREMENT PLEIN DE FLEURS

C'ÉTAIT AU PRINTEMPS, IL FAISAIT TRÈS CHAUD. C'était une messe pleine de joie et de tristesse. Au cimetière, avec mes cousins et mes sœurs, on a fait des dessins avec des croix dessus. On les a glissés avec le cercueil puis on a jeté des pâquerettes sur la tombe : c'était joyeux et rigolo. Aujourd'hui, je pense que Papy est assis en face de Jésus. Il continue de vivre, mais c'est une vie différente.

Propos recueillis par Anne-Quitterie Jozeau – Photos : DR

MA SEMAINE

Lundi 20 novembre

Saint Octave

J'écris le prénom d'un ami que je confie à Jésus :

....

....

Mardi 21 novembre

Fête de la Présentation de la Vierge Marie

Je lis l'histoire de Marie dans le poster.

Mercredi 22 novembre

Sainte Cécile

Qui ai-je fait rire aujourd'hui ?

....

....

Jeudi 23 novembre

Saint Clément

Je repense à ma journée.
Seigneur, aide-moi à ....

....

....

Vendredi 24 novembre

Sainte Flora

Seigneur, je te dis merci pour

....

....

Samedi 25 novembre

Sainte Catherine d'Alexandrie

Aujourd'hui, je me sens :

- ☐ Joyeux.
- ☐ Paisible.
- ☐ Triste.

Dimanche 26 novembre

Le Christ, Roi de l'Univers

Je lis l'évangile de ce dimanche et je fais l'atelier (pages 54-57).
Je réfléchis : Jésus est-il le roi de mon cœur ? ....

....

Texte : Geneviève Pasquier

34E DIMANCHE DU TEMPS ORDINAIRE
LE CHRIST ROI DE L'UNIVERS

Première lecture

Quand le peuple des juifs était prisonnier à Babylone, Ézékiel leur a annoncé qu'un nouveau roi allait arriver : Dieu lui-même !

Lecture du livre du prophète Ézékiel

Chapitre 34, versets 11 à 12 et 15 à 17

Ainsi parle le Seigneur Dieu :
Voici que moi-même, je m'occuperai de mes brebis,
et je veillerai sur elles. Comme un berger veille
sur les brebis de son troupeau quand elles sont dispersées,
ainsi je veillerai sur mes brebis, et j'irai les délivrer
dans tous les endroits où elles ont été dispersées
un jour de nuages et de sombres nuées.
C'est moi qui **ferai paître** mon troupeau,
et c'est moi qui le ferai reposer, – oracle du Seigneur Dieu.
La brebis perdue, je la chercherai; l'égarée, je la ramènerai.
Celle qui est blessée, je la panserai. Celle qui est malade,
je lui rendrai des forces. Celle qui est grasse et vigoureuse,
je la garderai, je la ferai paître selon le droit.
Et toi, mon troupeau – ainsi parle le Seigneur Dieu –,
voici que je vais juger entre brebis et brebis,
entre les béliers et les boucs.

• **ferai paître :** faire paître un animal signifie le faire brouter, lui faire manger de l'herbe, des végétaux…

Psaume 22

Le Seigneur est mon berger : rien ne saurait me manquer.

Le Seigneur est mon berger :
je ne manque de rien.
Sur des prés d'herbe fraîche,
il me fait reposer.

Il me mène vers les eaux tranquilles
et me fait revivre;
il me conduit par le juste chemin
pour l'honneur de son nom.

Si je traverse les ravins de la mort,
je ne crains aucun mal,
car tu es avec moi,
ton bâton me guide et me rassure.

Tu prépares la table pour moi
devant mes ennemis;
tu répands le parfum sur ma tête,
ma coupe est débordante.

Grâce et bonheur m'accompagnent
tous les jours de ma vie;
j'habiterai la maison du Seigneur
pour la durée de mes jours.

Illustration : Claire Perret

Deuxième lecture

Jésus Christ est ressuscité. Paul nous rassure : nous aussi, nous ressusciterons. Victoire !

Lecture de la première lettre de saint Paul apôtre aux Corinthiens

Chapitre 15, versets 20 à 26 et verset 28

Frères, **le Christ** est **ressuscité** d'entre les morts,
lui, premier ressuscité parmi ceux qui se sont endormis.
Car, la mort étant venue par un homme,
c'est par un homme aussi que vient la résurrection des morts.
En effet, de même que tous les hommes meurent en Adam,
de même c'est dans le Christ que tous recevront la vie,
mais chacun à son rang : en premier, le Christ, et ensuite,
lors du retour du Christ, ceux qui lui appartiennent.
Alors, tout sera achevé, quand le Christ remettra
le pouvoir royal à Dieu son Père, après avoir anéanti,
parmi les êtres célestes, toute Principauté,
toute Souveraineté et Puissance.
Car c'est lui qui doit régner jusqu'au jour où Dieu aura mis
sous ses pieds tous ses ennemis.
Et le dernier ennemi qui sera anéanti, c'est la mort.
Et, quand tout sera mis sous le pouvoir du Fils,
lui-même se mettra alors sous le pouvoir du Père
qui lui aura tout soumis, et ainsi, Dieu sera tout en tous.

- **le Christ :** Christ est la traduction grecque du mot hébreu « Messie », qui signifie « frotté avec de l'huile ». Dans la Bible, il est l'élu de Dieu qui doit guider le peuple.
- **Ressuscité :** être ressuscité, c'est être réveillé et relevé de la mort.

Évangile

Jésus l'a promis : tout le monde est invité à la fête du royaume de Dieu. Une bonne façon de s'y préparer, c'est de faire comme Jésus : il s'est tourné vers ceux qui ont besoin d'aide.

Évangile de Jésus Christ selon saint Matthieu

Chapitre 25, versets 31 à 46

En ce temps-là, Jésus disait à ses disciples :
« Quand le Fils de l'homme viendra dans sa gloire,
et tous les anges avec lui, alors il siégera sur son trône
de gloire. Toutes les nations seront rassemblées devant lui ;
il séparera les hommes les uns des autres,
comme le berger sépare les brebis des boucs :
il placera les brebis à sa droite, et les boucs à gauche.
Alors le Roi dira à ceux qui seront à sa droite : "Venez,
les bénis de mon Père, recevez en héritage le Royaume
préparé pour vous depuis la fondation du monde.
Car j'avais faim, et vous m'avez donné à manger ;
j'avais soif, et vous m'avez donné à boire ;
j'étais un étranger, et vous m'avez accueilli ;
j'étais nu, et vous m'avez habillé ;
j'étais malade, et vous m'avez visité ;
j'étais en prison, et vous êtes venus jusqu'à moi !"
Alors les justes lui répondront :
"Seigneur, quand est-ce que nous t'avons vu… ?
tu avais donc faim, et nous t'avons nourri ?
tu avais soif, et nous t'avons donné à boire ?
tu étais un étranger, et nous t'avons accueilli ?
tu étais nu, et nous t'avons habillé ?
tu étais malade ou en prison…
Quand sommes-nous venus jusqu'à toi ?"

Et le Roi leur répondra : "Amen, je vous le dis : chaque fois
que vous l'avez fait à l'un de ces plus petits de mes frères,
c'est à moi que vous l'avez fait."
Alors il dira à ceux qui seront à sa gauche :
"Allez-vous-en loin de moi, vous les maudits,
dans le feu éternel préparé pour le diable et ses anges.
Car j'avais faim, et vous ne m'avez pas donné à manger ;
j'avais soif, et vous ne m'avez pas donné à boire ;
j'étais un étranger, et vous ne m'avez pas accueilli ;
j'étais nu, et vous ne m'avez pas habillé ;
j'étais malade et en prison, et vous ne m'avez pas visité."
Alors ils répondront, eux aussi :
"Seigneur, quand t'avons-nous vu avoir faim,
avoir soif, être nu, étranger, malade ou en prison,
sans nous mettre à ton service ?"
Il leur répondra : "Amen, je vous le dis :
chaque fois que vous ne l'avez pas fait à l'un de ces plus petits,
c'est à moi que vous ne l'avez pas fait."
Et ils s'en iront, ceux-ci au châtiment éternel,
et les justes, à la vie éternelle. »

Illustration : Marcelino Truong

Ton atelier de l'Évangile

1 Dans l'évangile du jour, Jésus nous indique comment le suivre au royaume de Dieu.

Relie les actions qui vont ensemble.

J'avais faim.	1	a	Vous m'avez habillé.
J'avais soif.	2	b	Vous êtes venu jusqu'à moi.
J'étais un étranger.	3	c	Vous m'avez donné à boire.
J'étais nu.	4	d	Vous m'avez visité.
J'étais malade.	5	e	Vous m'avez accueilli.
J'étais en prison.	6	f	Vous m'avez donné à manger.

Réponse : 1-f ; 2-c ; 3-e ; 4-a ; 5-b ; 6-d.

2 À quoi Jésus nous appelle-t-il ?

Déchiffre la charade pour le savoir.

- Mon premier est un animal qui porte des bois sur la tête.
- On tourne mon second pour l'enfoncer dans un mur ou une planche.
- Jésus nous invite à se mettre à mon tout.

Mon tout est le ....

Réponse : cerf-vis. Jésus nous invite à nous mettre au service.

3 Connais-tu des personnes qui sont en difficulté ?
Que peux-tu faire pour les aider ?

Écris le prénom de personnes que tu connais et qui auraient besoin d'aide. À côté, écris ce que tu peux faire pour les aider : un petit mot, un sourire, un gâteau...

Prénom		Comment je peux l'aider
•	→	• ....
•	→	• ....
•	→	• ....
•	→	• ....

4 Le premier geste que tu peux faire pour aider quelqu'un, c'est de prier pour lui.

Fais une belle étiquette avec le prénom des personnes pour qui tu veux prier. Décore-la joliment et dépose-la dans ton coin prière en les confiant à Jésus. Tu peux t'inspirer de ces formes :

....
....
....

....
....
....

Autrement dit

Jésus se met à la place de ceux qui manquent d'eau, de nourriture, de vêtements... Jésus est le pauvre par excellence. Mais il est roi et son royaume est pour ceux qui donnent à boire, à manger, à s'habiller, ceux qui visitent les malades et les prisonniers. Bref, ceux qui se mettent au service. Jésus est aussi le serviteur par excellence.

Textes : Karem Bustica et Sophie Pelloux-Prayer Illustration : Marcelino Truong. Photo : AdobeStock

Les moments de la messe : la Parole

Une histoire de famille

Chaque dimanche, nous écoutons l'histoire de l'amour de Dieu pour les hommes et les femmes.

UN ALBUM DE FAMILLE

Peut-être aimes-tu regarder des photos de ta famille : ta maman quand elle était enfant, le mariage de tes parents, la naissance de ton grand frère... Tu n'étais pas encore là, mais ces moments font partie de ton histoire.

À la messe, c'est un peu pareil : nous écoutons l'histoire du peuple de Dieu. En écoutant la parole de Dieu, tu découvres l'histoire de sa rencontre avec les hommes : Adam et Ève, Noé, Moïse, Abraham, Marie... et Jésus !

POUR OUVRIR TON CŒUR À LA PAROLE

En silence, tu t'installes tranquillement sur ta chaise : nous allons écouter le lecteur. Les Écritures nous racontent cette longue histoire de famille. Après une première lecture, nous chantons le psaume, une prière très ancienne que Jésus lui-même a chantée.

LA JOIE D'ENTENDRE L'ÉVANGILE

L'assemblée se met debout et chante « Alléluia », car c'est une joie d'entendre la vie et les paroles de Jésus !

Avant de lire, le diacre (ou le prêtre) t'invite à faire un signe de croix sur le front, la bouche et le cœur.

Quand tu fais les trois signes de croix, demande à Jésus :

« Jésus, que ta parole vive dans mon intelligence, dans mes paroles et dans mon cœur. »

Texte : Patricia Metzger. Illustrations : Marie Toury.

MA SEMAINE

Lundi 27 novembre

Sainte Astrid

Le meilleur moment de ma journée, c'était ....

....

Mardi 28 novembre

Saint Jacques de la Marche

Mon meilleur moment du week-end :

....

....

Mercredi 29 novembre

Saint Sernin

Aujourd'hui, j'ai rigolé avec

....

....

Jeudi 30 novembre

Saint André

Je repense à ma journée.
Seigneur, pardon pour

....

....

Vendredi 1er décembre

Saint Éloi

Je note la dernière chose qui m'a rendu fier(e) :

....

....

Samedi 2 décembre

Sainte Viviane

Demain, je vais :

- ☐ Faire de la musique.
- ☐ Jouer avec un ami.
- ☐ ....

Dimanche 3 décembre

Saint François Xavier

Je lis l'évangile de ce dimanche et je fais l'atelier (pages 64-67).
Aujourd'hui, c'est le début de l'Avent !
Quatre dimanches pour me préparer à la venue de Jésus.
Avec mes parents, j'allume une bougie devant la crèche.

Texte : Geneviève Pasquier

1ER DIMANCHE DE L'AVENT

Première lecture

Cinq cents ans avant Jésus Christ, Isaïe parlait au nom du peuple d'Israël. Il appelait Dieu « Notre Père », comme nous aujourd'hui.

Lecture du livre du prophète Isaïe

Chapitre 63, versets 16b à 17, et 19b ; puis chapitre 64, versets 2b à 7

C'est toi, Seigneur, notre Père ;
« Notre-rédempteur-depuis-toujours », tel est ton nom.
Pourquoi, Seigneur, nous laisses-tu errer hors de tes chemins ?
Pourquoi laisser nos cœurs s'endurcir et ne plus te craindre ?
Reviens, à cause de tes serviteurs, des tribus de ton héritage.
Ah ! Si tu déchirais les cieux, si tu descendais,
les montagnes seraient ébranlées devant ta face.
Voici que tu es descendu : les montagnes furent ébranlées
devant ta face. Jamais on n'a entendu, jamais on n'a ouï dire,
nul œil n'a jamais vu un autre dieu que toi agir ainsi
pour celui qui l'attend. Tu viens rencontrer celui qui pratique
avec joie la justice, qui se souvient de toi en suivant tes chemins.
Tu étais irrité, mais nous avons encore péché,
et nous nous sommes égarés. Tous, nous étions comme
des gens impurs, et tous nos actes justes n'étaient que linges souillés.
Tous, nous étions desséchés comme des feuilles, et nos fautes,
comme le vent, nous emportaient. Personne n'invoque plus
ton nom, nul ne se réveille pour prendre appui sur toi.
Car tu nous as caché ton visage, tu nous as livrés au pouvoir
de nos fautes. Mais maintenant, Seigneur, c'est toi notre père.
Nous sommes l'argile, c'est toi qui nous façonnes :
nous sommes tous l'ouvrage de ta main.

Psaume 79

Dieu, fais-nous revenir,
que ton visage s'éclaire,
et nous serons sauvés !

Berger d'Israël, écoute,
resplendis au-dessus des Kéroubim !
Réveille ta vaillance
et viens nous sauver.

Dieu de l'univers, reviens !
Du haut des cieux, regarde et vois :
visite cette vigne, protège-la,
celle qu'a plantée ta main puissante.

Que ta main soutienne ton protégé,
le fils de l'homme qui te doit sa force.
Jamais plus nous n'irons loin de toi :
fais-nous vivre et invoquer ton nom !

Illustration : Clotilde Perrin

Deuxième lecture

Saint Paul parle des trésors que Dieu donne à tous ceux qui attendent la venue de Jésus.

Lecture de la première lettre de saint Paul apôtre aux Corinthiens

Chapitre 1, versets 3 à 9

Frères, à vous, la grâce et la paix, de la part de Dieu
notre Père et du Seigneur Jésus Christ.
Je ne cesse de **rendre grâce** à Dieu à votre sujet,
pour la grâce qu'il vous a donnée dans le Christ Jésus;
en lui vous avez reçu toutes les richesses,
toutes celles de la parole et de la connaissance de Dieu.
Car le témoignage rendu au Christ s'est établi
fermement parmi vous.
Ainsi, aucun don de grâce ne vous manque,
à vous qui attendez
de voir se **révéler** notre Seigneur Jésus Christ.
C'est lui qui vous fera tenir fermement jusqu'au bout,
et vous serez sans reproche
au jour de notre Seigneur Jésus Christ.
Car Dieu est fidèle,
lui qui vous a appelés à vivre en communion
avec son Fils, Jésus Christ notre Seigneur.

- **rendre grâce :** rendre grâce, c'est dire merci.
- **révéler :** révéler, c'est faire connaître ce qui est inconnu ou secret.

Évangile

Jésus parle du moment où il viendra régner pour toujours. Personne ne sait quand cela se passera. Le Christ dit seulement : « Veillez ! »

Évangile de Jésus Christ selon saint Marc

Chapitre 13, versets 33 à 37

En ce temps-là, Jésus disait à ses disciples :
« Prenez garde, restez éveillés :
car vous ne savez pas quand ce sera le moment.
C'est comme un homme parti en voyage :
en quittant sa maison,
il a donné tout pouvoir à ses serviteurs,
fixé à chacun son travail, et demandé au portier de veiller.
Veillez donc, car vous ne savez pas
quand vient le maître de la maison,
le soir ou à minuit, au chant du coq ou le matin;
s'il arrive **à l'improviste,**
il ne faudrait pas qu'il vous trouve endormis.
Ce que je vous dis là, je le dis à tous : **Veillez ! »**

- **à l'improviste :** arriver à l'improviste, c'est arriver d'une façon soudaine et inattendue, par surprise.
- **Veillez :** veiller, c'est rester éveillé au lieu de dormir, être attentif.

Illustration : Marcelino Truong

Ton atelier de l'Évangile

1 Dans l'évangile du jour, un mot est répété trois fois.
Sauras-tu le retrouver ?

Retrouve les mots dans la grille. À l'aide des cases colorées, retrouve le mot mystère !

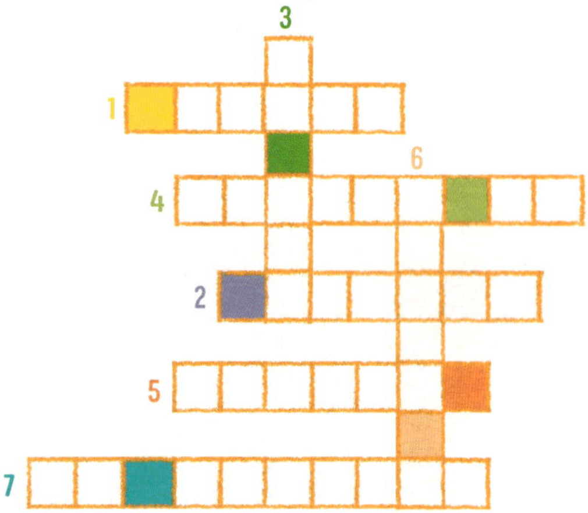

1. Dans l'évangile du jour, le maître part en...
2. Celui qui n'est pas réveillé.
3. Elle a généralement un toit, une porte et des fenêtres.
4. Ils écoutent Jésus dans l'évangile du jour.
5. Activité que l'on ne fait ni les week-ends, ni en vacances !
6. Il est chargé d'ouvrir et de fermer les portes.
7. Dans l'évangile du jour, le maître leur confie sa maison.

Le mot répété plusieurs fois est donc : _ _ _ _ _ _ _ !

Réponses : 1. Voyage, 2. Endormi, 3. Maison, 4. Disciples, 5. Travail, 6. Portier, 7. Serviteurs. Le mot à trouver est donc « veiller ».

2 « Veillez ! » : qu'est-ce que cela veut dire pour toi ?

Coche la réponse qui te convient ou ajoute la tienne.

- ☐ Rester attentif à ce qui se passe autour de nous.
- ☐ Attendre la venue de Jésus.
- ☐ Ne pas dormir.
- ☐ ……………………………………

3 Comment te prépares-tu à la naissance de Jésus ?

Entoure les réponses qui te correspondent et ajoute celles qui manquent.

Je fais une prière chaque jour.

J'allume chaque dimanche une bougie à la messe.

Je me prépare à recevoir Jésus.

Je garde les yeux grands ouverts sur le monde qui m'entoure.

Je lis les histoires de la Bible.

4 Allume une bougie pour attendre la venue de Jésus !

Dessine ici une bougie et écris à côté cette phrase du Notre Père : Que ton règne vienne !

Autrement dit

Jésus demande à ses disciples de « veiller ». Personne ne connaît le jour de sa venue. C'est pourquoi il est important de rester attentifs pour le reconnaître lorsqu'il reviendra. Aujourd'hui commence le temps de l'Avent. L'Église invite tous les chrétiens à veiller, c'est-à-dire à se préparer à la naissance de Jésus.

Textes : Karem Bustica et Sophie Pelloux-Prayer Illustration : Marcelino Truong. Photo : AdobeStock

Les personnages de la Bible

Joseph,
le père adoptif de Jésus

Joseph est le fiancé de Marie. Il est d'une bonne famille, car il descend du roi David. Mais Marie est enceinte avant qu'ils soient mariés. Même s'il n'est pas le père, Joseph accepte de faire de Jésus son fils sans rien dire à personne. Il accompagne Marie à Bethléem pour qu'elle accouche. Puis ils partent en Égypte pour protéger Jésus, car le roi Hérode voulait faire tuer tous les bébés. Rentré à Nazareth, il élève le Christ avec Marie.

L'homme des songes

Pour communiquer avec Joseph, Dieu lui envoie des rêves (on dit aussi « songes ») où un ange lui donne des ordres. Le premier lui dit de ne pas hésiter à prendre Marie pour femme, même s'il n'est pas le père de l'enfant ; le deuxième de partir en Égypte pour fuir Hérode ; le troisième de rentrer d'Égypte.

Le charpentier

Les évangiles nous apprennent que Joseph était charpentier : il travaillait le bois, mais aussi la pierre et le métal. Il faisait donc des toits, des outils, peut-être des barques ou des meubles. Mais les textes ne nous disent pas s'il a appris son métier à Jésus.

Le père inquiet

Quand Jésus a 12 ans, toute la famille part en pèlerinage à Jérusalem. Mais, au moment de retourner à Nazareth, Jésus reste dans le Temple. Joseph et Marie, inquiets, le cherchent partout. Au bout de trois jours, ils le retrouvent dans le Temple, assis au milieu des maîtres, à les interroger.

LE LYS

Selon une légende, saint Joseph aurait été choisi pour devenir l'époux de Marie, car un lys a fleuri sur le bâton sec qu'il portait.

L'ÉQUERRE

Saint Joseph est souvent représenté avec une équerre pour rappeler son métier de charpentier.

L'ÂNE

L'âne rappelle le moment où Marie, Joseph et Jésus ont fui en Égypte. On montre souvent Marie et son enfant sur l'âne conduit par Joseph qui marche en avant.

Texte : Régis Burnet. Illustrations : Delphine Renon

MA SEMAINE

Lundi 4 décembre

Saint Jean de Damas

Mon gâteau préféré, c'est :

....

....

Mardi 5 décembre

Sainte Géraldine

Qu'est-ce qui m'a plu aujourd'hui ?

....

....

....

Mercredi 6 décembre

Saint Nicolas

Saint Nicolas est le saint patron des enfants. Avec qui ai-je joué aujourd'hui ? ....

....

Jeudi 7 décembre

Saint Ambroise

Je repense à ma journée, Jésus merci pour ....

....

....

Vendredi 8 décembre

Fête de l'Immaculée Conception

Je récite un Je vous salue Marie avec ma carte prière.

Samedi 9 décembre

Sainte Valérie

Je dessine un arc-en-ciel si je vais bien, des nuages si cela va moins bien.

Dimanche 10 décembre

Sainte Eulalie

Je lis l'évangile de ce dimanche et je fais l'atelier (pages 74-77).
Avec mes parents, j'allume deux bougies devant la crèche.

Texte : Geneviève Pasquier

2E DIMANCHE DE L'AVENT

Première lecture

À l'époque d'Isaïe, les Juifs étaient prisonniers à Babylone. Isaïe les rassure : Dieu va les libérer. Ils pourront rentrer chez eux.

Lecture du livre du prophète Isaïe

Chapitre 40, versets 1 à 5 et 9 à 11

Consolez, consolez mon peuple – dit votre Dieu –,
parlez au cœur de Jérusalem.
Proclamez que son service est accompli,
que son crime est expié, qu'elle a reçu de la main du Seigneur
le double pour toutes ses fautes. Une voix proclame :
« Dans le désert, préparez le chemin du Seigneur;
tracez droit, dans les terres arides, une route pour notre Dieu.
Que tout ravin soit comblé, toute montagne
et toute colline abaissées ! Que les escarpements se changent
en plaine, et les sommets, en large vallée !
Alors se révélera la gloire du Seigneur,
et tout être de chair verra que la bouche du Seigneur a parlé. »
Monte sur une haute montagne,
toi qui portes la bonne nouvelle à Sion. Élève la voix avec force,
toi qui portes la bonne nouvelle à Jérusalem.
Élève la voix, ne crains pas. Dis aux villes de Juda :
« Voici votre Dieu ! » Voici le Seigneur Dieu !
Il vient avec puissance; son bras lui soumet tout.
Voici le fruit de son travail avec lui,
et devant lui, son ouvrage.
Comme un berger, il fait paître son troupeau :
son bras rassemble les agneaux, il les porte sur son cœur,
il mène les brebis qui allaitent.

Psaume 84

Fais-nous voir, Seigneur, ton amour, et donne-nous ton salut.

J'écoute : que dira le Seigneur Dieu ?
Ce qu'il dit, c'est la paix pour son peuple et ses fidèles.
Son salut est proche de ceux qui le craignent,
et la gloire habitera notre terre.

Amour et vérité se rencontrent,
justice et paix s'embrassent ;
la vérité germera de la terre
et du ciel se penchera la justice.

Le Seigneur donnera ses bienfaits,
et notre terre donnera son fruit.
La justice marchera devant lui,
et ses pas traceront le chemin.

Illustration : Sandra Poirot Chérif

Deuxième lecture

Cent ans après Jésus Christ, certains chrétiens sont déçus. Ils pensaient que Jésus allait revenir et il ne se passe rien.

Lecture de la deuxième lettre de saint Pierre apôtre

Chapitre 3, versets 8 à 14

Bien-aimés, il est une chose qui ne doit pas vous échapper :
pour le Seigneur, un seul jour est comme mille ans,
et mille ans sont comme un seul jour.
Le Seigneur ne tarde pas à tenir sa promesse,
alors que certains prétendent qu'il a du retard.
Au contraire, il prend patience envers vous,
car il ne veut pas en laisser quelques-uns se perdre,
mais il veut que tous parviennent à la conversion.
Cependant le jour du Seigneur viendra, comme un voleur.
Alors les cieux disparaîtront avec fracas,
les éléments embrasés seront dissous,
la terre, avec tout ce qu'on a fait ici-bas, ne pourra y échapper.
Ainsi, puisque tout cela est en voie de dissolution,
vous voyez quels hommes vous devez être,
en vivant dans la sainteté et la piété, vous qui attendez,
vous qui hâtez l'avènement du jour de Dieu,
ce jour où les cieux enflammés seront dissous,
où les éléments embrasés seront en fusion.
Car ce que nous attendons, selon la promesse du Seigneur,
c'est un ciel nouveau et une terre nouvelle
où résidera la justice. C'est pourquoi, bien-aimés,
en attendant cela, faites tout pour qu'on vous trouve
sans tache ni défaut, dans la paix.

Évangile

L'envoyé de Dieu que Jean Baptiste annonçait, c'est Jésus. Tout le monde attendait le Messie. Nous aussi.

Évangile de Jésus Christ selon saint Marc

Chapitre 1, versets 1 à 8

Commencement de l'Évangile de Jésus,
Christ, Fils de Dieu.
Il est écrit dans Isaïe, le prophète :
Voici que j'envoie mon messager en avant de toi,
pour ouvrir ton chemin. Voix de celui qui crie dans le désert :
Préparez le chemin du Seigneur, rendez droits ses sentiers.
Alors **Jean,** celui qui baptisait, parut dans le désert.
Il proclamait un baptême de conversion
pour le pardon des péchés. Toute **la Judée,**
tous les habitants de Jérusalem se rendaient auprès de lui,
et ils étaient baptisés par lui dans **le Jourdain,**
en reconnaissant publiquement leurs péchés.

- **Jean :** Jean était le fils de Zacharie et d'une cousine de Marie, Élisabeth. Il annonçait à tous que l'envoyé de Dieu, le Messie, allait venir. Jean baptisait dans le fleuve Jourdain ceux qui voulaient changer de vie. C'est pour cela qu'on l'appelait Jean le Baptiste.
- **la Judée :** la Judée est l'une des trois principales régions de Palestine.
- **le Jourdain :** le Jourdain est le fleuve qui traverse la Palestine du nord au sud.
- **la courroie :** une courroie est une longue bande étroite qui sert à attacher la sandale.

Jean était vêtu de poil de chameau, avec une ceinture de cuir autour des reins; il se nourrissait de sauterelles et de miel sauvage. Il proclamait : « Voici venir derrière moi celui qui est plus fort que moi; je ne suis pas digne de m'abaisser pour défaire **la courroie** de ses sandales. Moi, je vous ai baptisés avec de l'eau; lui vous baptisera dans l'Esprit Saint. »

Illustration : Marcelino Truong

Ton atelier de l'Évangile

1 Dans l'évangile, Jean Baptiste annonce la venue de Jésus.
Déchiffre ce rébus pour retrouver les mots exacts.

Réponse : pré, pas, ré, lèche, main, du, saigne, heure.
Préparez le chemin du Seigneur.

2 Selon toi, de quel chemin Jean Baptiste parle-t-il ?
Coche la réponse qui te convient.

- ☐ Du chemin qui mène à la crèche.
- ☐ Du chemin qui mène à Dieu.
- ☐ Du chemin que Jésus emprunte pour rencontrer Jean Baptiste.
- ☐ D'un chemin intérieur, qui part de notre cœur.

3 D'après toi, quels sont les chemins qui mènent à Dieu ?

Entoure les réponses qui te conviennent et ajoute celles qui manquent.

La prière.

La gentillesse et le service.

La messe.

La contemplation des paysages.

La musique.

La lecture des évangiles.

4 Et toi, quel chemin veux-tu prendre pour avancer vers Dieu ?

Dessine-toi sur un chemin qui va vers Jésus.

Autrement dit

Au début d'une histoire, il arrive toujours un événement nouveau. Ici, c'est la venue de Jésus. Jean Baptiste prépare cette venue, il est le messager de Dieu, il ouvre le chemin, il trace les sentiers. Jésus vient dans le monde et pour le recevoir, il est nécessaire de se convertir. C'est-à-dire d'orienter son cœur et toute sa vie vers le Seigneur.

Textes : Karem Bustica et Sophie Pelloux-Prayer Illustrations : Marcelino Truong, Estelle Chandelier ; Photo : AdobeStock

REPORTAGE

Despina fête Noël à Bethléem

« Je m'appelle Despina, j'ai 11 ans et j'habite à Bethléem. Avec mes frères et sœurs, je vais vivre une nouvelle fois Noël dans la ville où Jésus est né. »

LA PRÉPARATION DE NOËL

COMME CHEZ VOUS, NOUS ACHETONS UN SAPIN DE NOËL QUE NOUS DÉCORONS. L'Avent est aussi un temps pendant lequel nous décorons nos classes. À côté de l'église, une crèche est installée et les rues de Bethléem sont décorées. Dans ma famille, on fait un tirage au sort pour offrir un cadeau à nos frères et sœurs. On offre aussi un cadeau commun à nos parents.

LE 25 DÉCEMBRE

TOUT D'ABORD, NOUS COMMENÇONS PAR LA MESSE À SAINTE-CATHERINE, QUI SE TROUVE DANS L'ÉGLISE DE LA NATIVITÉ. Nous chantons « Jésus Christ est né aujourd'hui ». Ensuite, nous faisons un bon repas de Noël en famille. Nous cuisinons des plats traditionnels : du poulet et des courgettes farcis avec du riz, des gâteaux avec des dattes ou bien des pistaches.
Puis nous allons visiter la famille : d'abord notre grand-mère, puis nos oncles et tantes. En fin de journée, nous prions le rosaire et lisons la Bible.

LES DONS À NOËL

À L'ÉCOLE, NOUS RÉCOLTONS QUELQUES SOUS POUR LES DONNER À UNE ŒUVRE DE CHARITÉ. Cette année, c'est pour un hôpital qui accueille des orphelins de 0 à 5 ans.
Nous allons aussi leur rendre visite pour jouer avec eux, chanter, partager un goûter. Et, en famille, nous mettons un peu d'argent de côté pour offrir un cadeau à nos amis de l'école qui n'ont pas la chance d'en recevoir à Noël.

Propos recueillis par Anne-Quitterie Jozeau – Photos : DR

MA SEMAINE

Lundi 11 décembre

Saint Daniel

Comment s'est passé mon week-end ?

Mardi 12 décembre

Saint Corentin

Je note une chose qui m'a rendu fier : ....

....

....

Mercredi 13 décembre

Sainte Lucie

Jésus, je te dis pardon pour

....

....

....

Jeudi 14 décembre

Saint Jean de la Croix

Aujourd'hui, je me sens :

- ☐ Joyeux.
- ☐ Paisible.
- ☐ Triste.

Vendredi 15 décembre

Sainte Ninon

Qui ai-je fait sourire aujourd'hui ?

....

....

....

Samedi 16 décembre

Saint Marin

C'est bientôt Noël, je prépare :

- ☐ Un cadeau pour un ami.
- ☐ La veillée de Noël.
- ☐ ....

Dimanche 17 décembre

Saint Gaël

Je lis l'évangile de ce dimanche et je fais l'atelier (pages 84-87).
Avec mes parents, j'allume trois bougies devant la crèche.

Texte : Geneviève Pasquier

3E DIMANCHE DE L'AVENT

Première lecture

Cinq cents ans avant Jésus, le prophète Isaïe se réjouissait : Dieu l'avait choisi pour annoncer à tous une grande nouvelle.

Lecture du livre du prophète Isaïe

Chapitre 61, versets 1 à 2a et 10 à 11

L'esprit du Seigneur Dieu est sur moi
parce que le Seigneur m'a consacré par **l'onction.**
Il m'a envoyé annoncer la bonne nouvelle aux humbles,
guérir ceux qui ont le cœur brisé, proclamer aux captifs
leur délivrance, aux prisonniers leur libération,
proclamer une année de bienfaits accordée par le Seigneur.
Je tressaille de joie dans le Seigneur, mon âme exulte
en mon Dieu. Car il m'a vêtu des vêtements du salut,
il m'a couvert du manteau de la justice,
comme le jeune marié orné du diadème,
la jeune mariée que parent ses joyaux.
Comme la terre fait éclore son germe,
et le jardin, germer ses semences,
le Seigneur Dieu fera germer la justice
et la louange devant toutes les nations.

• **l'onction :** l'onction est un geste qui montre qu'une personne est consacrée à Dieu. On lui met de l'huile parfumée sur le front.

Cantique

Mon âme exulte en mon Dieu.

Cantique de Luc

Chapitre 1, versets 46b-48, 49-50 et 53-54

Mon âme exalte le Seigneur,
exulte mon esprit en Dieu, mon Sauveur!
Il s'est penché sur son humble servante;
désormais tous les âges me diront bienheureuse.

Le Puissant fit pour moi des merveilles;
Saint est son nom!
Sa miséricorde s'étend d'âge en âge
sur ceux qui le craignent.

Il comble de biens les affamés,
renvoie les riches les mains vides.
Il relève Israël son serviteur,
il se souvient de son amour.

Illustration : Madalena Matoso

Deuxième lecture

Voici la fin de la lettre que Paul a écrite aux chrétiens de Thessalonique. Il leur donne ses derniers conseils et les bénit.

Lecture de la première lettre de saint Paul apôtre aux Thessaloniciens

Chapitre 5, versets 16 à 24

Frères, soyez toujours dans la joie,
priez sans relâche,
rendez grâce en toute circonstance :
c'est la volonté de Dieu à votre égard dans le Christ Jésus.
N'éteignez pas **l'Esprit,**
ne méprisez pas les prophéties,
mais discernez la valeur de toute chose :
ce qui est bien, gardez-le;
éloignez-vous de toute espèce de mal.
Que le Dieu de la paix lui-même vous **sanctifie** tout entiers;
que votre esprit, votre âme et votre corps,
soient tout entiers gardés sans reproche
pour la venue de notre Seigneur Jésus Christ.
Il est fidèle, Celui qui vous appelle :
tout cela, il le fera.

- **l'Esprit :** c'est l'Esprit de Dieu, qui est aussi appelé Saint-Esprit. C'est le don de Dieu aux hommes, sa présence invisible, sa force de vie.
- **sanctifie :** être sanctifié, c'est être rendu saint.

Évangile

Quand Jean le Baptiste baptisait dans le Jourdain, des foules de gens venaient le trouver et beaucoup se disaient : « C'est peut-être lui, le Messie. » Et lui, que disait-il ?

Évangile de Jésus Christ selon saint Jean

Chapitre 1, versets 6 à 8 et 19 à 28

Il y eut un homme envoyé par Dieu; son nom était Jean.
Il est venu comme témoin, pour rendre témoignage
à la Lumière, afin que tous croient par lui.
Cet homme n'était pas la Lumière,
mais il était là pour rendre témoignage à la Lumière.
Voici le témoignage de Jean, quand les Juifs lui envoyèrent
de Jérusalem **des prêtres et des lévites** pour lui demander :
« Qui es-tu ? » Il ne refusa pas de répondre,
il déclara ouvertement : « Je ne suis pas **le Christ.** »
Ils lui demandèrent : « Alors qu'en est-il ?
Es-tu le prophète **Élie ?** » Il répondit : « Je ne le suis pas.
– Es-tu le Prophète annoncé ? » Il répondit : « Non. »
Alors ils lui dirent : « Qui es-tu ? Il faut que nous donnions
une réponse à ceux qui nous ont envoyés. Que dis-tu sur
toi-même ? » Il répondit : « *Je suis la voix de celui qui crie*

- **des prêtres et des lévites :** les prêtres et les lévites étaient les responsables des prières et des sacrifices d'animaux au Temple.
- **le Christ :** lis page 53.
- **Élie :** Élie vivait au IXe siècle avant Jésus Christ. C'était un prophète, il annonçait la parole de Dieu. Certains Juifs pensaient qu'il reviendrait juste avant le Messie.

dans le désert : Redressez le chemin du Seigneur,
comme a dit le prophète Isaïe. » Or, ils avaient été envoyés de la part des pharisiens. Ils lui posèrent encore cette question : « Pourquoi donc baptises-tu, si tu n'es ni le Christ, ni Élie, ni le Prophète ? » Jean leur répondit : « Moi, je baptise dans l'eau. Mais au milieu de vous se tient celui que vous ne connaissez pas ; c'est lui qui vient derrière moi, et je ne suis pas digne de délier la courroie de sa sandale. » Cela s'est passé à Béthanie, de l'autre côté du Jourdain, à l'endroit où Jean baptisait.

Illustration : Marcelino Truong

Ton atelier de l'Évangile

1 Dans l'évangile du jour, beaucoup de personnages sont présents.
Retrouve les trois intrus qui se sont glissés dans la liste.

Dieu — Jean — Pierre — Les Juifs

Les prêtres — Spider-Man — Les lévites

Élie — Isaïe — Les pharisiens — Harry Potter

Réponses : les intrus sont Pierre, Spider-Man et Harry Potter.

2 Jean Baptiste annonce la venue de Jésus. Jésus est décrit comme...
Entoure la bonne réponse.

La Lumière — La Lune — Les étoiles — La terre

La mer — Le soleil — La colombe

Réponse : la Lumière.

3 Pour toi, pourquoi associe-t-on Jésus à la Lumière ?

Coche les réponses que tu préfères.

- ☐ Jésus nous éclaire et nous guide.
- ☐ Jésus rend visible la présence de Dieu.
- ☐ Jésus nous réchauffe et nous rassure.
- ☐ Jésus chasse l'obscurité et la nuit.

4 Jésus est la Lumière du monde !

Avec l'aide d'un adulte, allume une bougie et dis cette prière.

Jésus, tu es ma Lumière.
Éclaire-moi quand j'ai peur,
réchauffe-moi quand je suis triste
et montre-moi ce qui est beau !

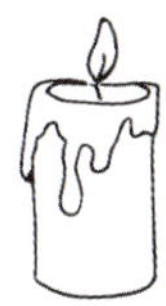

Autrement dit

En ce moment, les rues et les magasins sont illuminés : c'est bientôt Noël ! Les lumières éclairent, guident les hommes dans la nuit ; elles donnent aussi de la joie. Jean Baptiste annonce qu'il y a une autre lumière qui peut passer inaperçue, Jésus. Lui n'éblouit pas, ne s'éteint jamais et nous conduit vers Dieu.

Textes : Cédric Kuntz et Sophie Pelloux-Prayer. Illustration : Marcelino Truong, Photo : AdobeStock

La crèche vivante

Chaque année, avec les enfants du caté, on met en scène une crèche pour raconter la naissance de Jésus.

- On s'est réunis tous les samedis pendant trois semaines Il y avait tellement de choses à préparer qu'on ne savait plus où donner de la tête ! Et puis nos parents sont venus nous aider à fabriquer les costumes et les décors.

- Par exemple, pendant qu'on construisait la mangeoire, on s'est demandé pourquoi Jésus n'est pas né dans un palais s'il était roi. Moi, je trouve que c'est mieux comme ça. Au moins, dans l'étable, tout le monde a pu venir voir Jésus, même les bergers.

- Ensuite, on a commencé à apprendre notre texte. Plus on répétait, plus on connaissait l'histoire de la naissance de Jésus par cœur.

- Le week-end avant Noël, on est allés dans trois villages pour jouer la crèche vivante. Les gens étaient heureux de nous voir. Ils étaient un peu comme les bergers ou les mages qui se sont précipités pour rendre visite à Jésus. J'ai même des copains d'école qui sont venus. Certains m'ont dit que, grâce à nous, ils ont découvert l'histoire de Noël.

À chaque fois, on terminait en chantant "GLOIRE À DIEU" comme les anges.

- Pour la dernière représentation, on est allés jouer chez la grand-mère de Philomène, à la maison de retraite. Les personnes âgées nous ont remerciés en disant : "C'est super d'être venus chez nous. Votre crèche nous a permis de profiter nous aussi de la joie de Noël!"

Texte : Geoffrey-Kamen Defebvre. Illustrations : Anne Ardichvili.

L'attente

C'est la nuit, tout est calme.
Dans la maison,
le sapin est paré de mille couleurs.
Dehors, sous la voûte étoilée,
la ville scintille.
Demain,
toute la famille se réunira.
Et moi, Seigneur,
je t'attends joyeusement.
Tu es invisible à mes yeux,
mais je le sais, tu es là pour moi.
Sois pour moi la lumière
qui éclaire mon chemin !

Texte : Geneviève Pasquier . Illustration : Adobestock

MA SEMAINE

Lundi 18 décembre

Saint Gatien

Je lis la prière page 90.

Mardi 19 décembre

Saint Urbain

Comment s'est passée ma journée ?

Mercredi 20 décembre

Saint Daniel

Aujourd'hui, je me suis amusé avec : ....

....

....

Jeudi 21 décembre

Saint Pierre Canisius

Jésus, je te dis merci pour :

....

....

....

Vendredi 22 décembre

Sainte Françoise-Xavière

C'est les vacances de Noël, je vais :

....

....

....

Samedi 23 décembre

Sainte Victoire

Je prie pour les personnes seules à Noël.

Dimanche 24 décembre

Sainte Adèle

Je lis l'évangile de ce dimanche et je fais l'atelier (pages 96-99).
Avec mes parents, j'allume quatre bougies devant la crèche.
Ce soir, c'est la nuit de Noël, je prépare mon cœur.

Texte : Geneviève Pasquier

4E DIMANCHE DE L'AVENT

Première lecture

Le roi David voulait faire quelque chose pour Dieu. Le prophète Nathan lui a rappelé que c'est Dieu qui fait tout pour lui.

Lecture du deuxième livre de Samuel

Chapitre 7, versets 1 à 5, 8b à 12, 14a et 16

Le roi David habitait enfin dans sa maison.
Le Seigneur lui avait accordé la tranquillité
en le délivrant de tous les ennemis qui l'entouraient.
Le roi dit alors au prophète Nathan :
« Regarde ! J'habite dans une maison **de cèdre,**
et **l'arche de Dieu** habite sous un abri de toile ! »
Nathan répondit au roi : « Tout ce que tu as l'intention
de faire, fais-le, car le Seigneur est avec toi. » Mais,
cette nuit-là, la parole du Seigneur fut adressée à Nathan :
« Va dire à mon serviteur David : Ainsi parle le Seigneur :
Est-ce toi qui me bâtiras une maison pour que j'y habite ?
C'est moi qui t'ai pris au pâturage, derrière le troupeau,
pour que tu sois le chef de mon peuple Israël.
J'ai été avec toi partout où tu es allé,
j'ai abattu devant toi tous tes ennemis. Je t'ai fait un nom
aussi grand que celui des plus grands de la terre.

- **de cèdre :** le cèdre est un grand arbre de la famille du pin.
- **l'arche de Dieu :** l'arche de Dieu est un coffret en bois. Il contenait la loi que Dieu avait donnée au peuple d'Israël au temps de Moïse.

Je fixerai en ce lieu mon peuple Israël, je l'y planterai,
il s'y établira et ne tremblera plus,
et les méchants ne viendront plus l'humilier,
comme ils l'ont fait autrefois, depuis le jour où j'ai institué
des juges pour conduire mon peuple Israël.
Oui, je t'ai accordé la tranquillité en te délivrant
de tous tes ennemis. Le Seigneur t'annonce
qu'il te fera lui-même une maison.
Quand tes jours seront accomplis
et que tu reposeras auprès de tes pères,
je te susciterai dans ta descendance un successeur,
qui naîtra de toi, et je rendrai stable sa royauté.
Moi, je serai pour lui un père; et lui sera pour moi un fils.
Ta maison et ta royauté subsisteront toujours devant moi,
ton trône sera stable pour toujours. »

Psaume 88

Ton amour, Seigneur, sans fin je le chante !

L'amour du Seigneur, sans fin je le chante;
ta fidélité, je l'annonce d'âge en âge.
Je le dis : C'est un amour bâti pour toujours;
ta fidélité est plus stable que les cieux.

« Avec mon élu, j'ai fait une alliance,
j'ai juré à David, mon serviteur :
j'établirai ta dynastie pour toujours,
je te bâtis un trône pour la suite des âges. »

« Il me dira : “Tu es mon Père,
mon Dieu, mon roc et mon salut !”
Sans fin je lui garderai mon amour,
mon alliance avec lui sera fidèle. »

Illustration : Bertrand Dubois

Deuxième lecture

Paul termine sa lettre aux Romains en remerciant Dieu. Dieu nous a fait découvrir Jésus, pour se faire connaître lui-même.

Lecture de la lettre de saint Paul apôtre aux Romains

Chapitre 16, versets 25 à 27

Frères,
à Celui qui peut vous rendre forts
selon mon Évangile qui proclame Jésus Christ : révélation
d'un mystère gardé depuis toujours dans le silence,
mystère maintenant manifesté au moyen
des écrits prophétiques, selon l'ordre du Dieu éternel,
mystère porté à la connaissance de toutes les nations
pour les amener à l'obéissance de la foi,
à Celui qui est le seul sage, Dieu,
par Jésus Christ, à lui la gloire pour les siècles.
Amen.

- **d'un mystère :** le mot « mystère » vient du grec et veut dire « ce qui est dévoilé ». Le mystère, ici, c'est la venue de Jésus Christ.
- **des écrits prophétiques :** les prophètes annonçaient la parole de Dieu. On appelle « écrits prophétiques » les textes qu'ils nous ont laissés.

Découvre aussi l'évangile de ce dimanche en BD page 100.

Évangile

Un messager de Dieu vient voir Marie, une jeune fille d'Israël. Il lui confie un projet étonnant. Et Marie fait confiance à Dieu : elle accepte !

Évangile de Jésus Christ selon saint Luc

Chapitre 1, versets 26 à 38

En ce temps-là, l'ange Gabriel fut envoyé par Dieu
dans une ville de Galilée, appelée Nazareth,
à une jeune fille **vierge,** accordée en mariage à un homme
de la maison de David, appelé Joseph; et le nom de
la jeune fille était **Marie.** L'ange entra chez elle et dit :
« Je te salue, Comblée-de-grâce, le Seigneur est avec toi. »
À cette parole, elle fut toute bouleversée,
et elle se demandait ce que pouvait signifier cette salutation.
L'ange lui dit alors : « Sois sans crainte, Marie, car tu as
trouvé grâce auprès de Dieu. Voici que tu vas concevoir
et enfanter un fils; tu lui donneras le nom de **Jésus**.
Il sera grand, il sera appelé Fils **du Très-Haut**;

- **vierge :** une personne vierge n'a jamais eu de relations sexuelles.
- **Marie :** Marie est une jeune fille de Nazareth. Elle est fiancée à Joseph, le charpentier. Lis son histoire en BD sur le poster.
- **Jésus :** en hébreu, ce prénom veut dire « Dieu sauve ».
- **du Très-Haut :** le « Très-Haut » est le nom donné à Dieu pour dire qu'il est très différent de nous.
- **stérile :** une personne stérile ne peut pas avoir d'enfant.

le Seigneur Dieu lui donnera le trône de David son père;
il régnera pour toujours sur la maison de Jacob,
et son règne n'aura pas de fin. » Marie dit à l'ange :
« Comment cela va-t-il se faire, puisque je ne connais pas d'homme ? » L'ange lui répondit : « L'Esprit Saint viendra sur toi, et la puissance du Très-Haut te prendra sous son ombre; c'est pourquoi celui qui va naître sera saint, il sera appelé Fils de Dieu. Or voici que, dans sa vieillesse, Élisabeth, ta parente, a conçu, elle aussi, un fils et en est à son sixième mois, alors qu'on l'appelait la femme **stérile.**
Car rien n'est impossible à Dieu. » Marie dit alors :
« Voici la servante du Seigneur; que tout m'advienne selon ta parole. » Alors l'ange la quitta.

Illustration : Marcelino Truong

Ton atelier de l'Évangile

1 Dans l'évangile du jour, que dit l'ange à Marie ?

Retrouve ses paroles en t'aidant de ce code : le A correspond au nombre de mois de grossesse d'Élisabeth, la cousine de Marie.

23.14.10.19 19'10.24.25

14.18.21.20.24.24.14.7.17.10 6 9.14.10.26

Réponse : Élisabeth est à son sixième mois de grossesse. A=6, B=7, C=8…
La réponse est donc : Rien n'est impossible à Dieu.

2 Comment décrirais-tu l'attitude de Marie ?

Pour chaque sentiment, colorie une, deux ou trois étoiles pour indiquer quel est celui (ou ceux) qui correspond le plus à ce que Marie ressent.

Peur Joie Confiance Surprise

3 Marie a confiance en Dieu. Et toi, arrives-tu à faire confiance ?

Coche la réponse qui te convient le mieux.

- ☐ Oui, je fais confiance à ceux qui m'entourent, les yeux fermés !
- ☐ Je fais confiance aux gens, mais j'aime bien tout vérifier, au cas où.
- ☐ J'ai du mal à faire confiance, car j'ai peur qu'on me trahisse.
- ☐ Je fais confiance à Dieu, car il sait ce qui est bon pour moi.
- ☐ ....

....

4 Demande à Marie de t'aider à avoir confiance en Dieu.

Lis cette prière à Marie.

Marie, tu as aimé Dieu toute ta vie.
Tu as même accepté de porter son Fils, Jésus.
Aide-moi à toujours garder confiance en Dieu,
qui m'aime et me veut du bien.
Moi aussi, à ta suite, je veux lui dire « Oui ! »

Autrement dit

L'ange Gabriel entre dans la maison de Marie. Il lui annonce qu'elle sera la maman de Jésus. Marie se laisse approcher par l'ange et elle l'écoute. Elle lui parle. Elle lui fait confiance. Depuis toute petite, Marie a appris à aimer et servir Dieu. Alors quand l'ange Gabriel vient la voir, elle peut lui répondre : « Je suis la servante du Seigneur ! »

Textes : Cédric Kuntz et Sophie Pelloux-Prayer Illustration : Marcelino Truong, Photo : AdobeStock

L'Annonciation

**Marie vit dans la ville de Nazareth.
Un jour, un étonnant visiteur vient la voir.**

Texte : Sophie Pelloux-Prayer, d'après Lc 1, 26-38. Illustrations : Stéphanie Rubini

MA SEMAINE

Lundi 25 décembre

Nativité de Jésus

Je souhaite un joyeux Noël à toutes les personnes que je connais.

Mardi 26 décembre

Saint Étienne

Je lis le psaume page 104.

Mercredi 27 décembre

Saint Jean, apôtre

Quelle bonne nouvelle ai-je envie de partager? ....

....

....

Jeudi 28 décembre

Les Saints Innocents

Ma journée a été :

- ☐ Orageuse.
- ☐ Nuageuse.
- ☐ Ensoleillée.

Vendredi 29 décembre

Saint David

Aujourd'hui, c'est décidé, je vais

....

....

....

Samedi 30 décembre

Saint Roger

S'il te plaît Jésus, aide-moi à :

....

....

....

Dimanche 31 décembre

Saint Sylvestre

Je lis l'évangile de ce dimanche et je fais l'atelier (pages 114-117). Je confie les membres de ma famille à Jésus, j'écris leurs prénoms : ....

....

Texte : Geneviève Pasquier

MESSE DE LA NUIT DE NOËL

Première lecture

Il y a 2700 ans, tout allait mal pour les gens d'Israël. Mais un nouveau roi allait naître. La paix pouvait revenir !

Lecture du livre du prophète Isaïe

Chapitre 9, versets 1 à 6

Le peuple qui marchait dans les ténèbres a vu se lever
une grande lumière; et sur les habitants du pays de l'ombre,
une lumière a resplendi. Tu as prodigué la joie,
tu as fait grandir l'allégresse : ils se réjouissent devant toi,
comme on se réjouit de la moisson, comme on exulte
au partage du butin. Car le joug qui pesait sur lui,
la barre qui meurtrissait son épaule, le bâton du tyran,
tu les as brisés comme au jour de **Madiane.**
Et les bottes qui frappaient le sol, et les manteaux
couverts de sang, les voilà tous brûlés : le feu les a dévorés.
Oui, un enfant nous est né, un fils nous a été donné !
Sur son épaule est le signe du pouvoir;
son nom est proclamé : « Conseiller-merveilleux, Dieu-Fort,
Père-à-jamais, Prince-de-la-Paix. » Et le pouvoir s'étendra,
et la paix sera sans fin pour le trône de David
et pour son règne qu'il établira, qu'il affermira sur le droit
et la justice dès maintenant et pour toujours.
Il fera cela, l'amour jaloux du Seigneur de l'univers !

• **Madiane :** Madiane est l'un des fils d'Abraham et le chef d'une tribu ennemie du peuple d'Israël, il y a plus de 3000 ans.

Psaume 95

Aujourd'hui, un Sauveur nous est né : c'est le Christ, le Seigneur.

Chantez au Seigneur un chant nouveau,
chantez au Seigneur, terre entière,
chantez au Seigneur et bénissez son nom !

De jour en jour, proclamez son salut,
racontez à tous les peuples sa gloire,
à toutes les nations ses merveilles !

Joie au ciel ! Exulte la terre !
Les masses de la mer mugissent,
la campagne tout entière est en fête.

Les arbres des forêts dansent de joie
devant la face du Seigneur, car il vient,
car il vient pour juger la terre.

Il jugera le monde avec justice,
Et les peuples selon sa vérité !

Illustration : Aurore Petit

Deuxième lecture

Le plus beau cadeau de Dieu est de nous donner son Fils. Sa venue nous fait vivre autrement. Finies les vieilles habitudes !

Lecture de la lettre de saint Paul apôtre à Tite

Chapitre 2, versets 11 à 14

Bien-aimé, la grâce de Dieu s'est manifestée
pour le salut de tous les hommes.
Elle nous apprend à renoncer à **l'impiété**
et **aux convoitises** de ce monde,
et à vivre dans le temps présent de manière raisonnable,
avec justice et piété,
attendant que se réalise la bienheureuse espérance :
la manifestation de la gloire de notre grand Dieu
et Sauveur, Jésus Christ.
Car il s'est donné pour nous
afin de nous racheter de toutes nos fautes,
et de nous purifier pour faire de nous son peuple,
un peuple ardent à faire le bien.

- **l'impiété :** l'impiété est l'attitude de celui qui se moque de la religion.
- **aux convoitises :** la convoitise est l'envie de posséder quelque chose qui ne nous appartient pas.

Évangile

Le Fils de Dieu vient sur terre d'une drôle de manière. Jésus naît dans la paille et sa naissance est annoncée aux plus pauvres d'entre tous, les bergers.

Évangile de Jésus Christ selon saint Luc

Chapitre 2, versets 1 à 14

En ces jours-là, parut un édit de l'empereur Auguste, ordonnant de **recenser** toute la terre
– ce premier recensement eut lieu lorsque Quirinius était gouverneur de Syrie. Et tous allaient se faire recenser, chacun dans sa ville d'origine. Joseph, lui aussi, monta de Galilée, depuis la ville de Nazareth, vers la Judée, jusqu'à la ville de David appelée Bethléem.
Il était en effet de la maison et de la lignée de David.
Il venait se faire recenser avec Marie,
qui lui avait été accordée en mariage et qui était enceinte.
Or, pendant qu'ils étaient là, le temps où elle devait enfanter fut accompli. Et elle mit au monde son fils premier-né;
elle **l'emmaillota** et le coucha dans une mangeoire,
car il n'y avait pas de place pour eux dans la salle commune.

- **recenser :** recenser, c'est compter le nombre d'habitants d'un pays ou d'une ville.
- **l'emmaillota :** emmailloter, c'est envelopper un nouveau-né dans un carré de tissu pour le tenir au chaud et bien serré.
- **le Christ :** lis page 53.

Dans la même région, il y avait des bergers
qui vivaient dehors et passaient la nuit dans les champs
pour garder leurs troupeaux.
L'ange du Seigneur se présenta devant eux,
et la gloire du Seigneur les enveloppa de sa lumière.
Ils furent saisis d'une grande crainte. Alors l'ange leur dit :
« Ne craignez pas, car voici que je vous annonce
une bonne nouvelle, qui sera une grande joie
pour tout le peuple : Aujourd'hui, dans la ville de David,
vous est né un Sauveur qui est **le Christ,** le Seigneur.
Et voici le signe qui vous est donné : vous trouverez
un nouveau-né emmailloté et couché dans une mangeoire. »
Et soudain, il y eut avec l'ange une troupe céleste
innombrable, qui louait Dieu en disant :
« Gloire à Dieu au plus haut des cieux,
et paix sur la terre aux hommes, qu'Il aime. »

Illustration : Marcelino Truong

Ton atelier de l'Évangile

1 Dans l'évangile du jour, qu'est-ce que les anges annoncent aux bergers ?

Retrouve à quelle lettre est associé chaque chiffre.

Le mot est : _ _ _ _
1 2 3 4

Réponse : les anges annoncent une grande « joie ».

2 Et toi, te souviens-tu d'un grand moment de joie ?

Raconte-le ici :

....

....

....

....

3 Pourquoi la fête de Noël te rend-elle joyeux ?

Coche les réponses qui te conviennent.

- ☐ Tu profites de ta famille.
- ☐ Tu vas à la messe de minuit.
- ☐ Tu as des cadeaux.
- ☐ Tu manges de la bûche et des chocolats.
- ☐ Jésus est né ! Dieu est parmi nous !

4 Les chrétiens du monde entier sont dans la joie : Jésus est né !

Dessine des anges qui vont annoncer cette bonne nouvelle sur toute la planète.

Autrement dit

Ce soir, tous les chrétiens sont dans la joie ! Comme les bergers, ils sont émerveillés par ce petit enfant né dans une crèche pour sauver le monde. Leur joie est aussi grande que celle des anges, qui proclament la venue du Messie et chantent la gloire de Dieu. Dieu a envoyé son Fils pour annoncer son amour aux hommes.

Textes : Patricia Metzger et Sophie Pelloux-Prayer Illustrations : Marcelino Truong, Estelle Chandelier ; Photo : AdobeStock

Prions en Église Junior est édité par Bayard, société anonyme à directoire et conseil de surveillance au capital de 16 500 000 €.
Actionnaires : Augustins de l'Assomption (93,7 % du capital), S.A. Saint-Loup, association Notre-Dame de Salut. Loi n° 49-956 du 16/07/1949 sur les publications destinées à la jeunesse, modifiée par la loi n° 2011-525 du 17/06/2011.
Directoire : Pascal Ruffenach (président et directeur de la publication), André Antoni, Florence Guémy, Jean-Marie Montel (directeurs généraux). **Président du conseil de surveillance** : Hubert Chicou. CPPAP : 1224 K 85644. ISSN : 1769-4981. Dépôt légal à parution.
Impression : Sib Imprimerie. Zone industrielle de la Liane BP 343 62205 Boulogne-sur-Mer. **Directeur des rédactions** : Jean-Pierre Denis.
Rédactrice en chef : Karem Bustica. **Rédacteur en chef adjoint** : Frédéric Pascal. **Directrice artistique et rédactrice en chef ajointe visuel** : Pomme Mignon. **Secrétaire général de rédaction** : Nicolas Crouzier. **Secrétaires de rédaction** : Clotilde Pruvôt, Cécile Toussaint.
Rédactrice graphiste : Emmanuelle Lhoir. **Rédactrice photo** : Ania Biszewska. **Ont participé** : Bénédicte Pascal, Geneviève Pasquier, Sophie Pelloux-Prayer. **Assistante de la rédaction** : Djamila Hellal. **Fabrication** : Grégory Cervantes. **Marketing** : Amandine Boivin.
Contrôleur de gestion : Tonnumy Ai. **Illustration de couverture** : Nicolas Francescon.
Illustrations Minizanges : ®obin. **Textes liturgiques** : AELF. Reproduction interdite sans autorisation.
Demandes de reprises : droits.presse@groupebayard.com
Service client (basé en France) : pour vous abonner et gérer votre abonnement en ligne, https://librairie-bayard.com. Tél. : (00 33) 01 74 31 15 01. Bayard – TSA 60007, 59714 Lille Cedex 9. **Belgique et Luxembourg** : Tél. : 0800/250.38 (de Belgique. Gratuit) Tél. : 08002/9195 (du Luxembourg).
Canada Bayard Jeunesse. Éditrice responsable pour le Canada : Guylène Dumais, Directrice générale, Bayard Canada – 4475 rue Frontenac - Montréal (Québec) H2H2S2 – Canada. Abonnements : Bayard Canada – C. P./P.O. BOX 11050, SUCC. Centre-ville STN, Montréal (Québec) H3C 4Y6 Canada. Tél. : 00 1 514 278 3025 (SAC français) et 00 1 514 523 6222 (SAC anglais) (de France) ou 1 800 668 2547 (SAC français) et 1 800 387-7164 (SAC anglais). Fax : 00 1 514 278 3030 (de France). Web : www.novalis.ca **Suisse** : Asendia Press Edigroup SA, chemin du Château-Bloch 10, 1219 Le Lignon, Suisse. Tél. : 00 41 22 860 84 02. Mail : abobayard@edigroup.ch

***Prions en Église Junior* est sensible à la question de l'égalité entre les filles et les garçons. Cependant, pour simplifier la lisibilité et l'assimilation des textes à l'âge de la consolidation de la lecture, la rédaction a fait le choix de conserver la convention linguistique de l'usage du masculin comme forme neutre dans ses adresses au lecteur.**

PEFC
10-31-2036
Certifié PEFC
Ce produit est issu de forêts gérées durablement et de sources contrôlées.
pefc-france.org

FR

Origine du papier : Finlande.
Taux de fibres recyclées : 0 %.
Origine des fibres : papier issu de forêts gérées durablement.
Impact sur l'eau : Ptot 0,002 kg/T.
Ce numéro comporte sur la totalité de la diffusion : un poster broché.

LA SAINTE FAMILLE DE JÉSUS, MARIE ET JOSEPH

Première lecture

Dieu a promis un enfant à Abraham, le premier des croyants, et celui-ci l'a cru.

Lecture du livre de la Genèse

Chapitre 15, versets 1 à 6 et chapitre 21, versets 1 à 3

En ces jours-là, la parole du Seigneur fut adressée
à Abram dans une vision : « Ne crains pas, Abram !
Je suis un bouclier pour toi. Ta récompense sera très grande. »
Abram répondit : « Mon Seigneur Dieu,
que pourrais-tu donc me donner ? Je m'en vais sans enfant,
et l'héritier de ma maison, c'est Éliézer de Damas. »
Abram dit encore : « Tu ne m'as pas donné de descendance,
et c'est un de mes serviteurs qui sera mon héritier. »
Alors cette parole du Seigneur fut adressée à Abram :
« Ce n'est pas lui qui sera ton héritier,
mais quelqu'un de ton sang. »
Puis il le fit sortir et lui dit : « Regarde le ciel,
et compte les étoiles, si tu le peux… »
Et il déclara : « Telle sera ta descendance ! »
Abram eut foi dans le Seigneur
et le Seigneur estima qu'il était juste.
Le Seigneur visita Sara comme il l'avait annoncé ;
il agit pour elle comme il l'avait dit. Elle devint enceinte,
et elle enfanta un fils pour Abraham dans sa vieillesse,
à la date que Dieu avait fixée. Et Abraham donna un nom
au fils que Sara lui avait enfanté : il l'appela Isaac.

Psaume 104

Le Seigneur, c'est lui notre Dieu ; il s'est toujours souvenu de son alliance.

Rendez grâce au Seigneur, proclamez son nom,
annoncez parmi les peuples ses hauts faits;
chantez et jouez pour lui,
redites sans fin ses merveilles.

Glorifiez-vous de son nom très saint :
joie pour les cœurs qui cherchent Dieu !
Cherchez le Seigneur et sa puissance,
recherchez sans trêve sa face.

Souvenez-vous des merveilles qu'il a faites,
de ses prodiges, des jugements qu'il prononça,
vous la race d'Abraham son serviteur,
les fils de Jacob, qu'il a choisis.

Il s'est toujours souvenu de son alliance,
parole édictée pour mille générations :
promesse faite à Abraham,
garantie par serment à Isaac.

Illustration : Élise Mansot

Deuxième lecture

Isaac, le fils d'Abraham, fait penser à Jésus. Il est le fils unique de son père et Dieu le rend à la vie.

Lecture de la lettre aux Hébreux

Chapitre 11, versets 8, 11 à 12 et 17 à 19

Frères, grâce à la foi, Abraham obéit à l'appel de Dieu :
il partit vers un pays qu'il devait recevoir en héritage,
et il partit sans savoir où il allait.
Grâce à la foi, **Sara,** elle aussi, malgré son âge, fut rendue
capable d'être à l'origine d'une descendance
parce qu'elle pensait que Dieu est fidèle à ses promesses.
C'est pourquoi, d'un seul homme, déjà marqué par la mort,
a pu naître une descendance aussi nombreuse
que les étoiles du ciel et que le sable au bord de la mer,
une multitude innombrable.
Grâce à la foi, quand il fut soumis à l'épreuve,
Abraham offrit Isaac en sacrifice.
Et il offrait le fils unique, alors qu'il avait reçu les promesses
et entendu cette parole :
C'est par Isaac qu'une descendance portera ton nom.
Il pensait en effet que Dieu est capable même de ressusciter
les morts; c'est pourquoi son fils lui fut rendu :
il y a là **une préfiguration.**

- **Sara :** Sara, c'est le prénom de la femme d'Abraham.
- **une préfiguration :** une préfiguration, c'est une annonce par avance.

Évangile

Quand Jésus n'avait que 40 jours, Marie et Joseph l'ont emmené au temple de Jérusalem. Et, déjà, ce tout petit bébé était le signe de la tendresse de Dieu pour les hommes!

Évangile de Jésus Christ selon saint Luc

Chapitre 2, versets 22 à 40

Quand fut accompli le temps prescrit par la loi de Moïse pour **la purification,** les parents de Jésus l'amenèrent à Jérusalem pour le présenter au Seigneur, selon ce qui est écrit dans la Loi : *Tout premier-né de sexe masculin sera consacré au Seigneur.* Ils venaient aussi offrir le sacrifice prescrit par la loi du Seigneur : *un couple de tourterelles ou deux petites colombes.* Or, il y avait à Jérusalem un homme appelé Syméon. C'était un homme juste et religieux, qui attendait la Consolation d'Israël, et l'Esprit Saint était sur lui. Il avait reçu de l'Esprit Saint l'annonce qu'il ne verrait pas la mort avant d'avoir vu le Christ, le Messie du Seigneur. Sous l'action de l'Esprit, Syméon vint au Temple. Au moment où les parents présentaient l'enfant Jésus pour se conformer au rite de la Loi qui le concernait, Syméon reçut l'enfant dans ses bras, et il bénit Dieu en disant : « Maintenant, ô Maître souverain, tu peux laisser ton serviteur s'en aller en paix, selon ta parole. Car mes yeux ont vu le salut

Découvre aussi cet épisode de la vie de Marie en BD, sur le poster.

• **la purification :** c'est une cérémonie au temple de Jérusalem que chaque mère devait accomplir après l'accouchement.

que tu préparais à la face des peuples : lumière qui se révèle
aux nations et donne gloire à ton peuple Israël. »
Le père et la mère de l'enfant s'étonnaient de ce qui était dit
de lui. Syméon les bénit, puis il dit à Marie sa mère :
« Voici que cet enfant provoquera la chute et le relèvement
de beaucoup en Israël. Il sera un signe de contradiction
– et toi, ton âme sera traversée d'un glaive – :
ainsi seront dévoilées les pensées qui viennent du cœur
d'un grand nombre. »
Il y avait aussi une femme prophète, Anne, fille de Phanuel,
de la tribu d'Aser. Elle était très avancée en âge ;
après sept ans de mariage, demeurée veuve,
elle était arrivée à l'âge de 84 ans.
Elle ne s'éloignait pas du Temple, servant Dieu jour et nuit
dans le jeûne et la prière. Survenant à cette heure même,
elle proclamait les louanges de Dieu et parlait de l'enfant
à tous ceux qui attendaient la délivrance de Jérusalem.
Lorsqu'ils eurent achevé tout ce que prescrivait
la loi du Seigneur, ils retournèrent en Galilée,
dans leur ville de Nazareth.
L'enfant, lui, grandissait et se fortifiait, rempli de sagesse,
et la grâce de Dieu était sur lui.

Illustration : Marcelino Truong

Ton atelier de l'Évangile

1 Marie et Joseph rencontrent deux personnes à Jérusalem. Qui sont-elles ?

Coche la ou les bonnes réponses.

- ☐ A. Le prophète Moïse.
- ☐ B. Le vieillard Syméon.
- ☐ C. Le roi Hérode.
- ☐ D. La prophétesse Anne.
- ☐ E. La cousine Élisabeth.
- ☐ F. Mortelle Adèle.

Réponse : B et D. En allant présenter Jésus au Seigneur, Marie et Joseph croisent Syméon, un vieil homme, et Anne, une prophétesse.

2 Syméon et Anne ont attendu très longtemps avant de rencontrer Jésus. Imagine leur réaction lorsqu'ils voient l'enfant Jésus.

Dessine la bouche et les yeux de Syméon et d'Anne en fonction de leur réaction.

3 Joseph et Marie vont au Temple présenter Jésus au Seigneur. Et toi, tes parents ou tes grands-parents t'ont-ils déjà présenté à Dieu ?

Entoure la réponse qui te convient le mieux ou ajoute-la.

Oui, le jour de mon baptême.

Mes parents ne croient pas en Dieu, mais je sais que Dieu me connaît quand même !

Je ne sais pas, je ne leur ai jamais demandé.

Oui, quand on dépose une bougie pour notre famille à l'église.

Oui, quand on prie ensemble le soir.

....
....
....
....

Non, pas encore, mais je me prépare au baptême.

4 Dans ta prière, demande à Jésus de t'accompagner dans ta vie d'enfant.

Complète cette prière :

Seigneur,

L'année 2023 s'achève. Je te dis merci pour ce que j'ai vécu cette année, particulièrement pour .... et ....

Toi qui es la lumière, éclaire mon année 2024 qui commence, particulièrement ...., ...

et ....

Amen.

Autrement dit

Syméon reconnaît en Jésus le Sauveur que le monde attend. Devant Marie et Joseph, tout étonnés, il proclame que leur bébé est la lumière envoyée pour le salut du monde. Marie et Joseph comprennent que Jésus n'est pas un enfant comme les autres. Il est le Fils de Dieu, venu pour sauver les hommes.

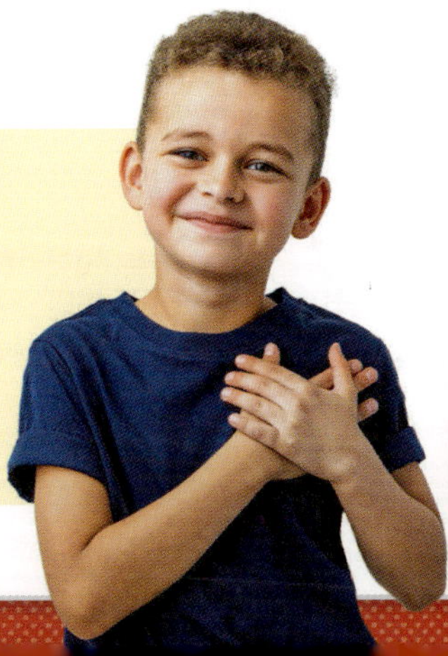

Textes : Patricia Metzger et Sophie Pelloux-Prayer Illustrations : Marcelino Truong, Estelle Chandelier; Photo : AdobeStock

COIN PRIÈRE

Ta mini crèche à fabriquer

Pour te préparer à Noël, tu peux fabriquer cette crèche pour ton coin prière. Tu la compléteras au fur et à mesure.

IL TE FAUT :

- Une boîte à chaussures
- Des ciseaux
- Du scotch
- De la ficelle
- Du papier de couleur ou de la peinture.

COMMENT FAIRE LE DÉCOR ?

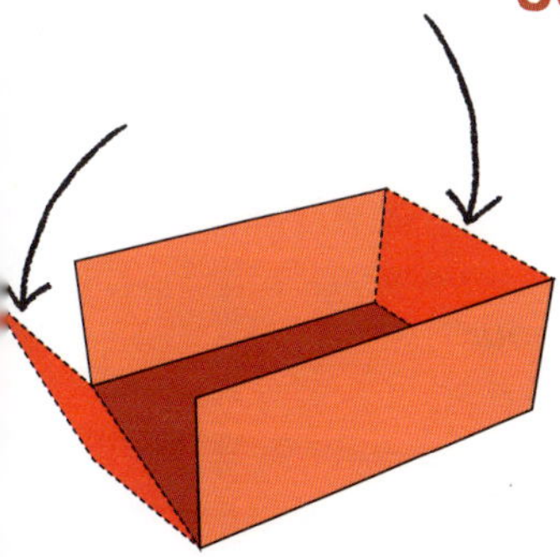

1. Découpe les côtés de ta boîte à chaussures.

2. Retourne la boîte et peins un décor sur le fond ou colle un papier de couleur.

3. Après les avoir découpés, tu peux installer les personnages en priant *(voir page suivante)*.

JE PRIE DEVANT MA CRÈCHE

1

Je prends le temps de bien m'installer.

2

Je trace le signe de la croix sur mon corps.

3

Je dépose l'âne et le bœuf dans ma crèche.
Je dis cette prière :
« Jésus, l'âne et le bœuf t'ont réchauffé la nuit où tu es né. Aide-moi à prendre soin des plus petits que moi ! »

Je dépose les bergers, les moutons, la poule et ses poussins :
« Jésus, les bergers et les animaux sont venus à ta rencontre. Béni sois-tu pour toute la Création ! »

Je dépose les anges :
« Jésus, les anges ont chanté et fait sonner leur trompette pour toi. Je chante avec eux la joie de ta naissance ! »

Je dépose Marie et Joseph :
« Jésus, Joseph et Marie t'ont accueilli dans leur famille. Je te confie mes parents. Merci pour le cadeau de la vie. »

Le soir de Noël, je dépose l'enfant Jésus :
« Jésus, tu es Dieu-enfant qui naît dans la nuit. Aujourd'hui, je t'accueille dans ma vie. »

Le jour de l'Épiphanie, je dépose les mages :
« Jésus, les mages sont venus du monde entier pour te voir. Je te confie tous les hommes de la terre. »

4

J'écoute le chant
Viens dans la crèche de mon cœur
(Sciaky/Gurdak/Studio SM)

5

Je fais un signe de croix.

Texte : Frédéric Pascal. Illustrations : Didier Balicevic.